Nora Lynch, Annika Pehle, Nicki Ermer
Trauer und Sexualität

Die Reihe Angewandte Sexualwissenschaft sucht den Dialog: Sie ist interdisziplinär angelegt und zielt insbesondere auf die Verbindung von Theorie und Praxis. Vertreter_innen aus wissenschaftlichen Institutionen und aus Praxisprojekten wie Beratungsstellen und Selbstorganisationen kommen auf Augenhöhe miteinander ins Gespräch. Auf diese Weise sollen die bisher oft langwierigen Transferprozesse verringert werden, durch die praktische Erfahrungen erst spät in wissenschaftlichen Institutionen Eingang finden. Gleichzeitig kann die Wissenschaft so zur Fundierung und Kontextualisierung neuer Konzepte beitragen.

Der Reihe liegt ein positives Verständnis von Sexualität zugrunde. Der Fokus liegt auf der Frage, wie ein selbstbestimmter und wertschätzender Umgang mit Geschlecht und Sexualität in der Gesellschaft gefördert werden kann. Sexualität wird dabei in ihrer Eingebundenheit in gesellschaftliche Zusammenhänge betrachtet: In der modernen bürgerlichen Gesellschaft ist sie ein Lebensbereich, in dem sich Geschlechter-, Klassen- und rassistische Verhältnisse sowie weltanschauliche Vorgaben – oft konflikthaft – verschränken. Zugleich erfolgen hier Aushandlungen über die offene und Vielfalt akzeptierende Fortentwicklung der Gesellschaft.

Band 39
Angewandte Sexualwissenschaft
Herausgegeben von Maika Böhm, Harald Stumpe,
Heinz-Jürgen Voß und Konrad Weller
Institut für Angewandte Sexualwissenschaft
an der Hochschule Merseburg

Nora Lynch, Annika Pehle, Nicki Ermer

Trauer und Sexualität

Wie Betroffene und Trauerbegleitende mit einem Tabuthema umgehen

Psychosozial-Verlag

Bibliografische Information der Deutschen Nationalbibliothek
Die Deutsche Nationalbibliothek verzeichnet diese Publikation
in der Deutschen Nationalbibliografie; detaillierte bibliografische Daten
sind im Internet über http://dnb.d-nb.de abrufbar.

Originalausgabe

info@psychosozial-verlag.de
www.psychosozial-verlag.de

Umschlaggestaltung und Innenlayout nach Entwürfen von Hanspeter Ludwig, Wetzlar
ISBN 978-3-8379-3310-9 (Print)
ISBN 978-3-8379-6159-1 (E-Book-PDF)
ISSN 2367-2420

Inhalt

Danksagung 7

Vorwort 9

1 Einleitung 11

2 Theoretische Annäherungen 15
2.1 Gesellschaftliche Auseinandersetzungen mit Sterben und Tod 15
2.2 Trauer 19
2.2.1 Trauermodelle 19
2.2.2 Trauernormen 25
2.2.3 Gefühlsnormen 26
2.3 Intimität 28
2.4 Körperlichkeit 29
2.5 Sexualität 30
2.6 Sexualität im Trauerprozess 30
2.7 Trauernormen in Bezug auf Sexualität 33
2.8 Trauer um den Verlust von Sexualität und Intimität 35

3 Methodik 37
3.1 Wahl der Interviewformen 37
3.2 Stichprobengewinnung und Interviewdurchführung 39
3.2.1 Studie 1: Interviews mit Abschieds- und Trauerbegleiter*innen 39
3.2.2 Studie 2: Interviews mit Trauernden 41
3.3 Datenaufbereitung und -analyse 43

4 Interviews mit Abschieds- und Trauerbegleiter*innen 45

4.1 Darstellung der Interviewteilnehmer*innen 45

4.2 Ergebnisdarstellung 49

4.2.1 Intimität, Körperlichkeit, Sexualität 49

4.2.2 Körper 52

4.2.3 Be-Greifen 56

4.2.4 Berührungspunkte 61

4.2.5 Normen und Moral 70

4.3 Quintessenz 74

5 Interviews mit Trauernden 79

5.1 Darstellung der Interviewteilnehmer*innen 79

5.2 Ergebnisdarstellung 82

5.2.1 Erste Zeit der Trauer 83

5.2.2 Im Zwiespalt der Gefühle 86

5.2.3 Gleichzeitigkeit des Trauerns und neuer Sexualität 95

6 Zusammenführung der Ergebnisse beider Studien 111

7 Und nun? 121

7.1 Schlussfolgerungen 121

7.2 Ausblick 124

7.3 Handlungsempfehlungen 125

Literatur 127

Anhang 131

Interviewleitfaden der Interviews mit Abschieds- und Trauerbegleiter*innen 131

Interviewleitfaden der Interviews mit Trauernden 134

Danksagung

Unser besonderer Dank und Wertschätzung gelten unseren Interviewpartner*innen. Danke für das Vertrauen und die Offenheit an den Interviews teilzunehmen. Dadurch erhielten wir und alle Lesenden dieses Buches wichtige und bedeutsame Einblicke in die Erlebenswelten von Trauernden und von Menschen, die mit Trauernden arbeiten. All Ihre Erfahrungen und Ihr Wissen sind ein wertvoller und grundlegender Beitrag zu diesem bisher wenig betrachteten Thema. Danke dafür, dass Sie etwas in Worte gefasst haben, über das noch viel zu oft geschwiegen wird, aber sehr viel gefühlt wird. Ohne Sie wäre das Buchprojekt nicht möglich gewesen.

Wir danken Prof.in Dr.in Maika Böhm für die Idee und die Ermutigung, dieses Buch zu veröffentlichen, und für ihre Unterstützung auf diesem Weg.

Persönliche Danksagungen

Nicki Ermer dankt folgenden Menschen:
Erika (meiner Mutter): für alles.
Elif: für deine fachliche Begleitung und deine Ermutigung von Anfang an.
Nora: für den wertschätzenden Austausch, das gemeinsame Begleiten und dein Vertrauen in mich.
Akinyi: für das gemeinsame Finden von Worten, das Teilen deines Wissens und deine Bestärkung.
Luis und Uli: für eure vollste Unterstützung im Hintergrund.

Nora Lynch dankt folgenden Menschen:
Ulli (meiner Mutter): Du wärst stolz auf mich. Ohne dich würde es dieses Buch nicht geben.

Nicki: für das Einander-Begleiten, deinen Halt und deine Offenheit, dich diesem Projekt anzuschließen.

Romy, Una und Elena: für das An-meiner-Seite-Sein. Euer Zuspruch und eure vielseitige Unterstützung haben mich getragen.

John: fürs Mitfiebern.

Annika Pehle dankt folgenden Menschen:

Ann Jasmin: für deine Gedanken und deine bedingungslose Liebe.

Nicole A. und Nicole J.: für unsere langjährige tiefe Verbundenheit.

Jana: für unseren Humor, der auch dunkle Momente erhellen kann.

Sandy: für deine Einfühlsamkeit und deine Impulse.

Kerstin K.: für die inspirierenden Gespräche zu diesem Thema.

Meiner Familie, meinen Freund*innen und Kolleg*innen: für jegliche Unterstützung, den Austausch auf verschiedensten Ebenen und euer Dasein.

Vorwort

Dieses Buch wurde von den drei Autorinnen Nicki Ermer, Nora Lynch und Annika Pehle gemeinsam verfasst. Die Grundlage des Buches sind zwei Masterarbeiten im Studiengang »Angewandte Sexualwissenschaft« der Hochschule Merseburg.[1] Beide Masterarbeiten basieren auf Interviews zum Thema Trauer und Sexualität – allerdings mit unterschiedlichen Personengruppen: Die erste Studie – verfasst von Annika Pehle – legt den Fokus auf die Befragung von Abschieds- und Trauerbegleiter*innen. In dieser Studie stehen die Themen Körperlichkeit und Sexualität im weiteren Sinne im Fokus. Diese Studie hat unter anderem herausgearbeitet, dass es nötig ist, Trauernde selbst zu Wort kommen zu lassen. Dies greift Nora Lynch in ihrer Studie auf, indem sie trauernde Menschen befragt, deren Partner*innen verstorben sind. In dieser Studie steht das Thema Sexualität im engeren Sinne im Mittelpunkt. Nicki Ermer hat den Entstehungsprozess der zweiten Studie als Richtungsweiserin eng mitbegleitet. Daraus entwickelte sich die Idee, als Autorinnenkollektiv an der Veröffentlichung dieses Buches zu arbeiten. Gemeinsam haben wir – Nicki Ermer, Nora Lynch und Annika Pehle – die beiden Masterarbeiten als Gesamtwerk verfasst.

Zur Veröffentlichung dieses Buches haben uns zwei zentrale Dinge motiviert: Zum einen der große – oftmals unerfüllte – Wunsch der trauernden Interviewteilnehmer*innen nach Austausch und Zugang zu Informationen. Zum anderen die Tatsache, dass die Verknüpfung von Trauer und Sexualität ein wichtiges, aber bisher kaum beleuchtetes Themenfeld ist – wir leisten hier somit Pionierinnenarbeit.

---

1 Beide Studien basieren auf Interviews mit fünf bis zehn Befragten. Die Ergebnisse sind also nicht repräsentativ, das heißt nicht auf die Gesamtheit der Abschieds- und Trauerbegleiter*innen oder Trauernden übertragbar.

Unser eigener Bezug zum Thema Trauer ist teils beruflich und teils persönlich bedingt. Letzteres bedeutet konkret, dass mehrere von uns selbst einen einschneidenden Verlust erlebt haben.

1 Einleitung

Wenn ein geliebter Mensch stirbt oder wenn wir mit einer lebensverkürzenden Erkrankung konfrontiert werden, kann unser gesamtes Leben aus den Fugen geraten. Trauer ist eine natürliche Reaktion auf solch einen (bevorstehenden) Verlust. Sie äußert sich ganz unterschiedlich und wird von jeder trauernden Person anders erlebt. Für viele Trauernde und sterbende Menschen spielt das Thema Sexualität im Abschieds- und Trauerprozess eine Rolle (vgl. Roser, 2014). Dies gilt insbesondere für Menschen, deren Partner*in schwer erkrankt oder stirbt.

Dieses Buch widmet sich diesem bisher oft vernachlässigten Thema und zeigt, wie Sexualität, Abschiednehmen und Trauer miteinander verbunden sein können. Es thematisiert, wie Trauer das sexuelle Empfinden beeinflussen kann und wie Sexualität auch dabei helfen kann, sich (wieder) lebendiger zu fühlen. Das Buch beschreibt, wie der Verlust geteilter Intimität und Sexualität nach dem Tod des*der Partner*in empfunden wird und wie Trauernde nach Partner*innenverlust ihre Sexualität leben.

Neben Sexualität können auch Körperlichkeit und Intimität eine bedeutsame Rolle für Abschiednehmende und Trauernde einnehmen. Es sind die letzten Momente mit dem Menschen, der einer*m nicht nur auf der emotionalen, sondern auch auf der körperlichen Ebene so vertraut ist. Es kommt oft zu einer Ambivalenz: den Menschen gehen zu lassen, sich von Gewohntem und Vertrautem verabschieden zu müssen, und gleichzeitig das eigene Leben fortzuführen. Das Buch beschäftigt sich somit auch damit, welche Bedeutung Körperlichkeit und Intimität im Abschieds- und Trauerprozess einnehmen können.

Sowohl Abschiednehmen und Trauer als auch Sexualität sind in unserer Gesellschaft nicht nur vernachlässigte, sondern regelrecht tabuisierte und verborgene Themen. Diese Tabuisierung zeigt sich unter anderem darin, dass sowohl über Abschiednehmen und Trauer als auch über Sexualität selten offen gesprochen wird. Dies gilt sowohl für Gespräche im privaten Bereich als auch für die Wissensvermittlung in öffentlichen Bildungseinrichtungen oder anderen Institutionen. Daher sind diese Themen für gewöhnlich mit Unsicherheiten und Scham verknüpft. Fallen diese Themen zusammen – zum Beispiel wenn sich trauernde Menschen mit ihrer Sexualität befassen –, ist es noch einmal schwieriger, kompetente Gesprächspartner*innen oder hilfreiche Informationen zu finden. Viele Trauernde fühlen sich unwohl dabei, über ihre Sexualität und ihre Trauer zu sprechen, da sie befürchten müssen, auf Unverständnis zu stoßen oder verurteilt zu werden (vgl. ebd.).

Zur Schnittmenge der Themen Trauer und Sexualität gibt es aktuell kaum deutschsprachige Literatur – weder Ratgeber*innenliteratur oder Erfahrungsberichte für Trauernde noch Fachliteratur, die sich beispielsweise an Sexualberater*innen oder Trauerbegleiter*innen richtet.[2] Auch in der Aus- und Weiterbildung von Trauerbegleiter*innen und Sexualwissenschaftler*innen wird die Verknüpfung der Themen Sexualität und Trauer oftmals kaum aufgegriffen. Somit bestehen nur wenige Möglichkeiten, sich mit diesem sensiblen Thema auseinanderzusetzen, sich dazu fortzubilden und eine größere Sprachfähigkeit und höhere Handlungskompetenzen für das eigene Arbeitsfeld zu erlangen. Dies kann dazu führen, dass Trauernde in der Trauerbegleitung hinsichtlich dieses Themas nicht ausreichend Unterstützung bekommen. Dieses Buch soll einen Beitrag dazu leisten, die Leerstelle zwischen den Bereichen Sexualität, Intimität und Körperlichkeit im Kontext von Trauer zu füllen, indem es der Thematik zunächst mehr Sichtbarkeit verleiht. Denn eine größere Sichtbarkeit kann zu einer Entlastung bei Trauernden führen, diese Aspekte besprechbarer machen und dazu beitragen, dass die eigenen Bedürfnisse nach Sexualität im Kontext von Trauer weniger infrage gestellt werden.

Von unserer Gesellschaft wird die Sexualität von Trauernden häufig als etwas Schwieriges oder Problematisches angesehen und dadurch empfinden Trauernde oftmals Scham und Schuld, wenn sie entsprechende Bedürfnisse bei sich wahrnehmen. Die Gefühle und (sexuellen sowie körperlichen) Bedürfnisse von Trauernden sind jedoch kein Problem. Problematisch ist stattdessen die (gesellschaftliche) Vorstellung, dass Sexualität in der Trauer nichts zu suchen habe bzw. erst nach einer gewissen Zeitspanne eine Berechtigung habe.

2 Eine zentrale Ausnahme ist das Buch *Sexualität in Zeiten der Trauer* von Traugott Roser (2014).

Das Buch lenkt den Blick auf die Bedeutung von Sexualität, Körperlichkeit und Intimität in Abschieds- und Trauerprozessen. Das Ziel des Buches ist es, an einer Normalisierung von Sexualität und Trauer mitzuwirken und somit perspektivisch zu gesellschaftlichen Veränderungen beizutragen. Es soll auch Aus- und Weiterbildungsinstitute ermutigen, sich dem Thema Sexualität und Trauer stärker zu widmen und Trauerbegleiter*innen, Sexualwissenschaftler*innen und anderen Fachkräften erste Orientierungspunkte an die Hand geben. Denn es ist wichtig, dass Trauerprozesse durch Tabuisierung nicht zusätzlich erschwert werden. Trauernden sollte es – wie allen anderen Menschen auch – möglich sein, ihre Sexualität selbstbestimmt und ohne Angst vor Ausgrenzung, Schuldvorwürfen oder Abwertungen zu leben.

Das Buch lässt sowohl Trauernde als auch Abschieds- und Trauerbegleiter*innen selbst zu Wort kommen und stellt ihre Perspektiven in den Mittelpunkt. Somit richtet es sich sowohl an trauernde Menschen als auch an Abschieds- und Trauerbegleiter*innen sowie an Fachkräfte aus sexualwissenschaftlichen und therapeutischen Berufsfeldern.

Das Buch folgt folgendem Aufbau: Zunächst wird in Kapitel 2 der theoretische Hintergrund dargestellt, auf dem die beiden Interviewstudien basieren. Dazu gehören beispielsweise die Definitionen zentraler Begriffe, das Vorstellen verschiedener Trauermodelle und wissenschaftlicher Studien sowie die Beschreibung gesellschaftlicher Normen[3] im Kontext von Sterben, Trauer und Sexualität. Anschließend wird in Kapitel 3 das methodische Vorgehen der beiden Studien näher erläutert, wie beispielsweise Art, Durchführung und Analyse der Interviews. Das darauf folgende Kapitel 4 widmet sich Studie 1. In diesem Kapitel werden zunächst die Interviewteilnehmer*innen und anschließend die Ergebnisse der ersten Studie vorgestellt. Die Interviewteilnehmer*innen und die Ergebnisse von Studie 2 finden sich in Kapitel 5. In Kapitel 6 werden schließlich die Ergebnisse von Studie 1 und Studie 2 mit Blick auf den theoretischen Hintergrund aus Kapitel 1 analysiert. Darüber hinaus werden in diesem Kapitel auch die neuen Erkenntnisse aus beiden Studien näher beleuchtet. Abschließend zieht Kapitel 7 Schlussfolgerungen, gibt einen Ausblick und formuliert konkrete Handlungsempfehlungen für die verschiedenen Berufsgruppen.

3 Der Duden definiert eine Norm als »allgemein anerkannte, als verbindlich geltende Regel für das Zusammenleben der Menschen« (Duden, 2023a). Diese Verhaltensregeln gelten für alle Lebensbereiche. Das betrifft auch die Bereiche Sterben, Tod und Trauer.

2 Theoretische Annäherungen

In diesem Kapitel wird der theoretische Hintergrund der beiden durchgeführten Studien betrachtet und der bisherige Forschungsstand zusammengefasst. Als Einstieg dient die Betrachtung der gesellschaftlichen Auseinandersetzung mit Sterben und Tod. Zudem werden die grundlegenden Begriffe Trauer, Intimität, Körperlichkeit und Sexualität inhaltlich vorgestellt, um die Ergebnisse der beiden Studien einordnen und interpretieren zu können. Die psychologischen und soziologischen Perspektiven auf Trauer sowie existierende Trauermodelle werden in den Blick genommen, um ein Verständnis von Trauerprozessen zu erhalten. Es wird insbesondere darauf eingegangen, welchen Einfluss Trauernormen auf den Verarbeitungsprozess haben können. Anknüpfend daran wird aufgezeigt, was über die Sexualität von Trauernden bisher bekannt ist, indem der aktuelle Forschungsstand skizziert wird. Zudem richtet sich der Blick auf geltende Trauernormen, die speziell den Bereich der Sexualität betreffen. Abschließend wird die Trauer um den Verlust von Sexualität und Intimität erörtert.

2.1 Gesellschaftliche Auseinandersetzungen mit Sterben und Tod

Sterben und Tod gehören unabänderlich zum menschlichen Dasein dazu. Jeder Mensch ist nicht nur selbst mit dem eigenen Versterben und dem Tod konfrontiert, sondern meist auch mit dem Sterben und Tod anderer Menschen. Aber wie werden diese *großen* Themen aktuell gesellschaftlich verhandelt? Und welchen Einfluss hat dies wiederum auf Trauerprozesse, auch mit Blick auf Sexualität und Intimität?

Der Begriff *Sterben* bezeichnet den Prozess, der sich über einen bestimmten Zeitraum – ob kurz oder lang – erstreckt. Innerhalb dieses Sterbeprozesses erlöschen die körperlichen Funktionen – entweder allmählich oder plötzlich. Der *Tod* ist schließlich das Ende dieses Sterbeprozesses.

Menschen unterscheiden sich in ihrem Verhalten und ihren Bedürfnissen auch in Zeiten von Sterben, Abschied, Tod und Trauer. Diese Unterschiede können verschiedenste gesellschaftliche und individuelle Ursachen haben, wie zum Beispiel biografische, kulturelle, soziale Hintergründe oder religiöse Vorstellungen. Und so ist auch die gesellschaftliche Auseinandersetzung mit Sterben und Tod von verschiedenen Perspektiven geprägt. Seien es religiöse, medizinische, naturwissenschaftliche, philosophische, spirituelle oder thanatosoziologische[4] – der Mensch findet verschiedene Erklärungen für das, was beim Sterben passiert, und das, was nach dem Leben kommt. Mit dem Tod werden somit unterschiedliche Erfahrungen und vielfältige Wahrnehmungen assoziiert (vgl. Thieme, 2019, S. 19). Trotz der individuellen Unterschiede im Verhalten und in den Bedürfnissen haben die Menschen eines gemeinsam: Sie werden früher oder später mit der Endlichkeit des Lebens konfrontiert. Dies kann eine lebensverkürzende Erkrankung sein, das Sterben von Menschen des nahen sozialen Umfelds oder der Blick auf gesamtgesellschaftliche Ereignisse wie beispielsweise die Coronapandemie.

Der auf den Tod folgende Bestattungs- und Abschiedsprozess wird von verschiedenen Ritualen begleitet, die teilweise an Bedeutung verlieren. Trauer- und Begräbnisrituale unterliegen einem historischen und sozialen Wandel. In der heutigen Zeit werden dem Sterben und dem Tod meist keine bestimmten öffentlichen Pflichten mehr zuteil: »Abschiedsrituale sind auf das Nötigste und den kleinsten Kreis von Angehörigen beschränkt« (Göckenjan, 2008, S. 7).

Während Sterben und Tod lange Zeit eher tabuisierte Themen waren, lässt sich heute von einer *Verborgenheit* von Sterben und Tod in unserer Gesellschaft (vgl. Walter, 1991, S. 299f.) oder auch der *Privatheit* des Todes (vgl. Thieme, 2019, S. 14; Göckenjan, 2008, S. 7) sprechen. Zwar gibt es gelegentlich eine öffentliche Beschäftigung mit dem Thema, wie sich etwa in der (politischen) Debatte über Sterbehilfe und deren Reform in Deutschland zeigt (vgl. Kellehear, 2017, S. 11). Auch erhält die Auseinandersetzung mit dem *guten* Sterben, also das möglichst schmerzfreie und friedliche Sterben, eine breitere öffentliche Thematisierung – ob in Form von

4 Die Thanatosoziologie beschäftigt sich mit dem menschlichen sozialen Verhalten innerhalb der Themen Sterben und Tod.

Ratgeber*innenliteratur, Dokumentationen oder persönlichen Erfahrungsberichten (vgl. Streeck, 2017, S. 29). Zugleich rücken jedoch die Thematik und das Erleben von Sterben und Tod, beispielsweise für Angehörige oder betroffene Personen, stärker in den privat-persönlichen Bereich (vgl. Göckenjan, 2008, S. 7). Gründe für die Verborgenheit von Sterben und Tod in unserer Gesellschaft können unter anderem in der im Menschen verankerten Verleugnung bzw. Verdrängung des Todes gesehen werden – einerseits aus Angst vor dem Lebensende und andererseits, um die eigene Handlungsfähigkeit aufrechtzuerhalten. Ein weiterer Grund für die Verborgenheit von Sterben und Tod ist die gedankliche Verlagerung dessen in ein eher hohes Lebensalter (vgl. Walter, 1991, S. 297ff.) – als ein Thema, mit dem man sich erst im hohen Alter auseinandersetzen müsse.

Ein weiterer wichtiger Aspekt, der in den vergangenen Jahrzehnten immer weiter zur Verborgenheit von Sterben und Tod in der öffentlichen Wahrnehmung beigetragen hat, ist die Übernahme von Verpflichtungen und Verantwortlichkeiten durch Professionelle, Institutionen und Organisationen (vgl. Heller & Wegleitner, 2017, S. 11). Es wird dabei auch von der *Institutionalisierung* von Sterben und Tod gesprochen, was verschiedene Aspekte wie beispielsweise die Übernahme von bestimmten Aufgaben durch Professionelle umfasst. In den vergangenen Jahrzehnten entfernte sich die Verantwortlichkeit aus dem Kreis der Familie und wurde mehr und mehr von spezialisierten Berufen übernommen (vgl. Thieme, 2019, S. 14). Doch auch wenn Sterben und Tod zunehmend institutionalisiert und professionalisiert werden, bleibt deren Besprechen und Thematisieren eine private Angelegenheit.

Auch die Sterbeorte entfernen sich immer weiter vom eigenen Zuhause und somit vom direkten sozialen Umfeld. Sie verlagern sich in Institutionen, wie Krankenhäuser, Alten- und Pflegeheime und Hospize (vgl. Lammer, 2014, S. 5). An diesen Orten nehmen einzelne Berufsgruppen wie Pflegekräfte, Hospizbegleiter*innen und Bestatter*innen eine relevante Rolle in der Abschieds- und Trauerarbeit ein. Die Auseinandersetzung mit Sterben und Tod rückt somit für viele Menschen in den Hintergrund und wird dadurch ein Stück weit »verlernt«. Denn vor vielen Jahrzehnten waren Sterben und Tod Themen, die im familiären Kontext präsent waren, beispielsweise wenn eine Person zu Hause verstorben ist und eine Aufbahrung zu Hause und der Abschied am Totenbett eine gewohnte Praxis für Familienmitglieder und andere Personen waren.

Im Kontext der Auseinandersetzung mit *gutem und schlechtem Sterben* stellen die Hospiz- und Palliativbewegung und die damit verbundene Sterbebegleitung bereits seit den 1990er Jahren einen entscheidenden Gegenpol im Umgang mit Sterben und Tod dar. Der Versuch einer ganzheitlichen Palliativmedizin, die Begleitung von Sterbenden sowie die Sterbeerleichterung wurden dabei als Leitsätze publik. Die Verborgenheit von Sterben und Tod in unserer Gesellschaft soll darüber aufgelöst werden. Das einsame und *schlechte Sterben* soll verhindert werden. Die Begleitung von Sterbenden wird als Akt der Solidarität verstanden. Und das Individuum wird als soziales Wesen anerkennt und sein Austreten aus der Gesellschaft soll mitgestaltet werden (vgl. Göckenjan, 2008, S. 12f.).

Heutzutage werden auch die Möglichkeiten der Begegnungen mit dem Thema Sterben und Tod weniger. Mangelnde Vertrautheit bzw. fehlende Erfahrungen in den Umgangsweisen mit Tod und Sterben können wiederum Scham, Sprachlosigkeit und Handlungsschwierigkeiten für Trauernde und auch das soziale Umfeld Trauernder zur Folge haben (vgl. Tirschmann, 2017, S. 32). Damit wird ein wichtiger Aspekt angesprochen: Berührungspunkte mit Sterben und Tod im Alltag – Berührungspunkte, von denen sich die Menschen in den letzten Jahrzehnten immer weiter wegbewegt haben. Und gleichzeitig passiert etwas scheinbar Gegenläufiges: Durch die Mediatisierung der Gesellschaft kommt es zu einer Überrepräsentation von visuellen Bildern des Todes, beispielsweise in den Nachrichten und auf sozialen Onlineplattformen. Dies führt zu dem Paradox, dass sich der Kontakt mit dem Tod auf das Visuelle verlagert hat, gleichzeitig der tatsächliche Kontakt zu Toten aber nachlässt (vgl. ebd., S. 35f.; Feldmann, 2010, S. 112f.).

Um Erfahrungsräume und Berührungspunkte wieder zu ermöglichen, bedarf es unter anderem der konkreten Kommunikation über das Thema:

> »Das Sterben gehört zum Leben. Darum ist das Reden darüber ein Teil unseres Lebens. Wenn ich selbst über mein Sterben reden kann, trage ich dazu bei, dieses Thema wieder in die Mitte unserer Gesellschaft zurückzuholen. So haben wir die Chance, bewusst und ohne Verdrängung der Endlichkeit unseres Lebens die uns bleibende Zeit zu erleben« (Keil & Scherf, 2016, S. 10).

Nötig sind somit die gesellschaftliche Auseinandersetzung sowie differenzierte Angebote der Abschieds- und Trauerarbeit, die dem Sterben und Tod und den damit zusammenhängenden Themen Räume öffnen – Räume für Austausch und Erleben auf verschiedenen sinnlichen Ebenen.

2.2 Trauer

Trauer ist – vereinfacht gesagt – die »normale Reaktion auf einen bedeutenden Verlust« (Lammer, 2014, S. 2). Trauer ist ein Gefühl, eine Stimmung und eine Reaktion, die beim Verlust eines nahestehenden Menschen (z. B. durch den Tod), beim Verlust eines anderen Lebewesens (z. B. des geliebten Haustiers) oder beim Verlust eines gewohnten Zustandes (z. B. von Gesundheit) aufkommen kann. Trauer kann sich sehr unterschiedlich ausdrücken. Sie kann zum Beispiel das Empfinden von Schmerz, Traurigkeit, Rastlosigkeit und/oder Antriebslosigkeit umfassen, beinhaltet häufig Schlafstörungen und Gefühle von Schuld, Wut und/oder Scham (vgl. ebd., S. 3). Mit einem Verlust können aber auch angenehme Gefühle wie Erleichterung, Dankbarkeit oder Freude auftreten, insbesondere dann, wenn mit dem Tod ein leidvoller Krankheitsweg endet oder sich eine gewaltvolle Beziehung auflöst (vgl. Feldmann, 2010, S. 244). Wie Menschen trauern, ist individuell sehr verschieden und Trauerprozesse unterscheiden sich stark voneinander, zum Beispiel bezogen auf ihr Tempo, ihre Intensität und ihren Ablauf (vgl. Paul, 2019, S. 14).

2.2.1 Trauermodelle

Wie verläuft Trauer? Was sind wichtige Themen, mit denen trauernde Menschen konfrontiert sind? Welche Formen und welche Dauer von Trauer gelten als angemessen und *gesund*? Und welche gelten als *ungesund* oder sogar *krankmachend*? Welche Faktoren führen dazu, dass Trauernde nach einigen Jahren sagen, dass sie ein gutes *neues* Leben führen können? Und welche Faktoren sind eher hinderlich und erschweren es, einen Verlust in das eigene Leben zu integrieren und mit diesem Verlust weiterleben zu können?

All diese Fragen sind der Ausgangspunkt dafür, dass in den vergangenen 60 Jahren im europäischen Raum vermehrt Trauermodelle entwickelt wurden. Den Entwickler*innen von Trauermodellen ging es darum, Trauer besser zu verstehen und Trauerverläufe nachvollziehbar aufzuschlüsseln. Darüber hinaus wollten sie herausfinden, welche Unterstützung für trauernde Menschen hilfreich ist. Konkret kann dies beispielsweise bedeuten, der Frage nachzugehen, welche Faktoren trauernden Menschen dabei helfen, mit ihrem Verlust umgehen zu können.

Die ersten Trauermodelle waren sogenannte Phasenmodelle (z.B. Kübler-Ross, 1969; Kast, 1982). Sie teilen den Verlauf von Trauer in mehrere Phasen ein, die Menschen nacheinander durchlaufen müssen, um die Trauer gut verarbeiten zu können und mit ihr abzuschließen. Die Phasenmodelle haben zwar Einzug in das gesellschaftliche Konzept von Trauer gehalten, sind vielen Menschen bekannt und waren die Wegbereiter*innen für weitere Modelle, gelten jedoch seit Jahren als veraltet und nur teilweise zutreffend. Sie werden unter anderem deshalb kritisiert, weil sie wissenschaftlich nicht ausreichend belegt sind und weil sie Trauer stark vereinfachen und normieren (vgl. Lammer, 2014, S. 75). Wenn sich trauernde Menschen in den Phasen nicht wiederfinden, können sie dadurch zusätzlich verunsichert und belastet werden. Darüber hinaus ist die Aussagekraft der Phasenmodelle darüber, welche Faktoren und Unterstützungsmöglichkeiten bei Schwierigkeiten im Trauerprozess hilfreich sind, sehr begrenzt (vgl. Stroebe et al., 2017). Ein weiterer zentraler Kritikpunkt ist die Annahme der Phasenmodelle, dass das Ziel von Trauer sei, die Verbindung zur verstorbenen Person schrittweise zu lösen und dass bei vollständiger Loslösung der Trauerprozess erfolgreich verlaufen sei. Auch die Annahme der Phasenmodelle, dass kontinuierliche Trauerarbeit zentral dafür ist, einen Verlust gesund zu verarbeiten, steht in der Kritik (vgl. Stroebe & Schut, 1999).

Die oben beschriebene Kritik wurde insbesondere in drei aktuellen Trauertheorien aufgegriffen. Im Rahmen dieser aktuellen Theorien wurde daraufhin ein differenzierteres und vielfältigeres Konzept von Trauerverläufen entwickelt. Als zentrale Theorien sind hier das »Duale Prozessmodell der Bewältigung von Verlusterfahrungen« (ebd.), die »Theorie der fortgesetzten Bindung« (Klass & Steffen, 2018) und das »TrauerKaleidoskop« (Paul, 2018) zu nennen. Diese drei Theorien werden im Folgenden genauer vorgestellt.

Das Duale Prozessmodell der Bewältigung von Verlusterfahrungen

Das »Duale Prozessmodell der Bewältigung von Verlusterfahrungen« wurde von Stroebe und Schut (1999) entwickelt. Es kritisiert die überholte Annahme der vorherigen Modelle, dass *durchgehende* Trauerarbeit die Voraussetzung dafür sei, einen Verlust gesund und angemessen zu verarbeiten. Es ist kein grundsätzlich neues Modell, sondern als Weiterentwicklung vorhandener Trauermodelle zu verstehen. Allerdings beleuchtet es neue, zentrale Aspekte von Trauerprozessen. Es unterscheidet sich zudem von den anderen Modellen, weil es mit Blick auf nur eine Personengruppe entwickelt wurde, nämlich Menschen, die um ihre*n verstorbene*n Partner*in trauern (vgl. ebd.). Das Duale Prozessmodell besagt, dass Trauerprozesse dynamisch sind und die trauernden Personen zwischen der *verlustorientierten und der wiederherstellungsorientierten Bewältigung* hin- und herpendeln. *Verlustorientierte Bewältigung* meint eine Form des Trauerns, die sich mit dem Verlust, der verlorenen emotionalen Verbindung und mit der Integration des Verlustes in das eigene Leben beschäftigt. Mit *wiederherstellungsorientierter Bewältigung* ist die Orientierung an neuen Lebenszielen und das Aufnehmen neuer Aktivitäten und Beziehungen gemeint (vgl. Müller & Willmann, 2016, S. 48ff.). Dem Modell zufolge kann eine verlustorientierte und wiederherstellungsorientierte Bewältigung nicht gleichzeitig betrieben werden, sondern eines von beiden muss jeweils zurückgestellt und vermieden werden (vgl. ebd., S. 50). Somit sind Pausen vorgesehen, um sich von der anstrengenden und kräftezehrenden direkten Auseinandersetzung mit dem Verlust zu erholen (vgl. ebd., S. 46). In diesen Pausen befassen sich trauernde Personen – wie oben beschrieben – verstärkt mit der Zukunft, richten also ihren Fokus auf die Wiederherstellung und nicht vorwiegend auf den Verlust. Stroebe und Schut betonen die Wichtigkeit solcher Pausen und weisen darauf hin, dass diese in den gängigen Konzepten zur Trauerarbeit bisher zu wenig berücksichtigt wurden (vgl. Stroebe & Schut, 2010, S. 275). Das Duale Prozessmodell betrachtet sogar die Vermeidung bzw. das Unterdrücken von Gefühlen als wichtigen Teil von Trauerprozessen (vgl. Müller & Willmann, 2016, S. 46). In der ersten Zeit nach dem Verlust beschäftigen sich Trauernde stärker mit verlustbezogener Bewältigung. Im weiteren Verlauf richten sie ihren Fokus zunehmend auf die wiederherstellungsorientierte Bewältigung, indem sie verstärkt die Gestaltung der neuen Lebenssituation in den Blick nehmen (vgl. ebd., S. 60). Stroebe und Schut verdeutlichen in ihrem Dualen Prozessmodell, dass angenehme Gefühle, wie zum Beispiel Freude, für einen gelingenden Trauerprozess von Bedeutung sind, da sich Betroffene dadurch von der Anstrengung der verlustorientierten Auseinandersetzung erholen können (vgl. ebd., S. 61f.). Es gibt also Zeiten, in denen sich Trauernde weniger mit dem Verlust beschäftigen, sondern vor allem damit, wie der Alltag weitergehen kann. Dazu kann auch gehören, sich wieder guten Gewissens dem Leben und anderen, gegebenenfalls auch sexuellen Beziehungen zuzuwenden.

Die Theorie der fortgesetzten Bindung

Die »Theorie der fortgesetzten Bindung« (Klass & Steffen, 2018) greift den Aspekt der Bindung zur verstorbenen Person auf. Während in den veralteten Trauerphasenmodellen die schrittweise Lösung der Bindung als Ziel des Trauerprozesses gesehen wurde, geht es in dieser aktuelleren Theorie um das Fortsetzen der inneren Bindung in einer angepassten Form. Neue Beziehungen können eingegangen werden, ohne dass vorher eine vollständige Loslösung von der verstorbenen Person stattgefunden haben muss. Genauso wenig kann das Eingehen neuer Beziehungen als ein Zeichen überwundener Trauer verstanden werden (vgl. ebd.). Die Autor*innen beziehen sich auf neuere Forschungserkenntnisse, aus denen hervorgeht, »dass es vielfach eine Gleichzeitigkeit des Trauerns und des Eingehens neuer Beziehungen gibt« (Lammer, 2014, S. 36). Die Theorie der fortgesetzten Bindung bietet eine weniger stark normierte Sichtweise auf Trauerprozesse und trägt somit zu einer Entlastung trauernder Menschen bei, die immer wieder mit dem Anspruch konfrontiert werden, den verstorbenen Menschen möglichst schnell und vollständig loszulassen. Häufig wird dieser Anspruch als unmöglich und sehr beängstigend wahrgenommen, da die innere Verbindung zu der verstorbenen Person oft als sehr existenziell und haltgebend erlebt wird. Umso wichtiger ist es also, dass mit der Theorie der fortgesetzten Bindung nun ein fundiertes, zeitgemäßes Konzept vorliegt.

Das TrauerKaleidoskop

Das »TrauerKaleidoskop« (Paul, 2018) betrachtet Trauern – in Abgrenzung zu den weiter oben aufgeführten Phasenmodellen – als vielfältigen, individuellen Prozess, der viele verschiedene starke Gefühle und verwirrende Gedanken mit sich bringen kann (vgl. ebd.). Diesem Modell zufolge verlaufen Trauerprozesse zwar individuell unterschiedlich (z. B. in Bezug auf das Tempo), allerdings sind die Themenfelder, mit denen sich trauernde Menschen auseinandersetzen müssen, dieselben (vgl. ebd.). Paul betrachtet Trauerprozesse nicht als linear oder phasenhaft, sondern stattdessen als spiralförmig oder in der Form eines Labyrinths. Sie beschreibt diesen Prozess folgendermaßen: »Der Trauerprozess […] ähnelt mehr einer *Spirale* (Sie laufen größer werdende Runden auf einem Sportplatz) oder einem *Labyrinth* (Sie laufen einen *Marathon* durch eine Stadt und werden in vielen Schleifen und Windungen immer durch dieselben Gebiete geleitet)« (vgl. ebd., S. 11; Hervorh. i. O.). Das Ziel von Trauerprozessen ist laut Paul nicht, dass die Trauer verschwindet. Vielmehr verändert sich Trauer im Laufe der Zeit, weitere Facetten des Lebens kommen hinzu und der Trauerschmerz lässt zunehmend nach.

Das TrauerKaleidoskop beinhaltet sechs Facetten des Trauerprozesses, mit denen Trauernde unter Umständen von Anfang an konfrontiert sind und mit denen sie sich gegebenenfalls immer wieder auseinandersetzen müssen:

- Überleben
- Wirklichkeit begreifen
- Gefühle
- sich anpassen
- verbunden bleiben
- einordnen (vgl. ebd., S. 14ff.)

Mit der Facette »Überleben« ist das tatsächliche physische Überleben gemeint. Somit hat diese Facette stets Vorrang gegenüber allen anderen Facetten, weil sie die Grundvoraussetzung für alle weiteren Facetten ist. Als Beispiele für Überlebensstrategien nennt Paul unter anderem Ablenkung, Sport, Konsum von Alkohol, routinierte Abläufe beibehalten, nicht reden oder ununterbrochen reden, andere Menschen versorgen und das Geschehene abstreiten. Sie weist darauf hin, dass Überlebensstrategien häufig unlogisch und nicht nachvollziehbar erscheinen, aber die zentrale Funktion haben, das schiere Überleben zu sichern (vgl. ebd., S. 14ff.).

Die Facette »Wirklichkeit begreifen« meint das Verstehen, dass ein Mensch tatsächlich und unwiederbringlich gestorben ist und welche Auswirkungen der Tod dieses Menschen hat. Als hilfreich für das Begreifen dieser Wirklichkeit nennt Paul die körperliche Anwesenheit am Sterbebett oder am Sarg, das Berühren des verstorbenen Menschen, das Reden darüber, dass der Mensch gestorben ist, sowie die Auseinandersetzung mit der Frage, was nach dem Tod kommt (vgl. ebd., S. 15ff.).

Wie eingangs bereits erwähnt, beinhalten Trauerprozesse viele verschiedene Gefühle, die von Trauernden als sehr stark empfunden werden können. Beispielhaft seien hier Wut, Traurigkeit, Verzweiflung, Erleichterung, Angst, Liebe und Dankbarkeit genannt. Bei der Facette »Gefühle« geht es darum, diesen Gefühlen Ausdruck zu verleihen. Dies kann beispielsweise im Rahmen von Schweigen oder Reden, Streit, gemeinsamen Ritualen oder Rückzug passieren (vgl. ebd., S. 16ff.).

Die Facette »Sich anpassen« befasst sich damit, dass Trauernde gezwungen sind, sich mit den veränderten Umständen in ihrem Leben auseinanderzusetzen und irgendeinen Umgang damit zu finden. Paul meint hiermit Umstände wie veränderte Rollen in Partner*innenschaft, im Freund*innenkreis und/oder in der Familie, Änderungen alltäglicher Aufgaben und Abläufe sowie veränderte Reaktionen des sozialen Umfelds (vgl. ebd., S. 18ff.).

Der Aspekt »Verbunden bleiben« steht im Gegensatz zu der Annahme früherer Trauermodelle, dass trauernde Menschen sich vollständig von der verstorbenen Person loslösen müssten. Statt einer Loslösung geht es laut Paul darum, weiter in innerer Verbindung mit der verstorbenen Person zu bleiben und die Bindung in veränderter Form aufrechtzuerhalten. So sind »Trauernde, die sich mit ihren Verstorbenen in positiver und stärkender Weise verbunden fühlen, [...] offen für das Leben und die Menschen darin« (ebd., S. 20).

Die Facette »Einordnen« nimmt die Gedanken trauernder Menschen in den Fokus. Hierbei bezieht sich Paul insbesondere auf die Gedanken, mit denen Trauernde versuchen, das Geschehene einzuordnen und zu bewerten. Der Blick auf die Welt, die eigenen Grundüberzeugungen, der Sinn des Lebens und die eigene Zukunft kommen bei dieser Facette auf den Prüfstand. Tendieren Menschen dazu, in der Rückschau auf ihr Leben sowohl Leid als auch Freude zu sehen, ist die Wahrscheinlichkeit, dass sie zukünftig wieder mehr und mehr freudige Momente erleben, höher, als wenn Menschen langfristig eine hauptsächlich leidvolle Bilanz ziehen (vgl. ebd., S. 20ff.).

Hinsichtlich aller Trauerfacetten nennt Paul spezifische Faktoren, die die Auseinandersetzung mit der jeweiligen Facette positiv oder negativ beeinflussen. Die hilfreichen Faktoren nennt sie »Trittsteine« und hinderliche Faktoren »Stolpersteine«. Tritt- und Stolpersteine sind je nach Facette unterschiedlich und variieren auch hinsichtlich der Zeit, die nach dem Tod verstrichen ist. Konkret bedeutet dies beispielsweise, dass ein möglicher Trittstein für die Facette »Wirklichkeit begreifen« in den ersten Tagen der Abschied vom Körper der verstorbenen Person sein kann. Im ersten Trauerjahr kann ein möglicher Trittstein für diese Facette das Aufstellen eines Fotos von der verstorbenen Person an ihrem Geburtstag oder der Austausch mit anderen trauernden Menschen sein (vgl. ebd., S. 22ff.).

Abschließend bleibt festzuhalten, dass Paul mit dem TrauerKaleidoskop ein Trauermodell entwickelt hat, das sich klar von starren, nacheinander zu durchlaufenden Phasen abgrenzt und stattdessen zentrale Themen, mit denen sich Trauernde gegebenenfalls immer wieder beschäftigen müssen, in den Vordergrund stellt. Das Modell bezieht mit ein, wie das soziale Umfeld und Trauerbegleiter*innen trauernden Menschen konkrete Trittsteine anbieten und sie somit auf ihrem Trauerweg unterstützen können.

2.2.2 Trauernormen

Wie Menschen trauern, hängt von vielen verschiedenen Faktoren ab. In der Psychologie und Medizin wird bei der Analyse von Trauer häufig der Einfluss gesellschaftlicher Normen auf die trauernden Personen vernachlässigt. Dadurch entsteht der Eindruck, als ob Trauernde ihrer Trauer ganz frei auf ihre Art und Weise Ausdruck verleihen können, ohne dabei durch bestimmte Verhaltensregeln beeinflusst zu sein. Aus soziologischer Perspektive greift diese Analyse zu kurz. Ihr zufolge gelten Regeln und Normen in gleicher Weise für die Bereiche Tod und Trauer und beeinflussen somit das Trauerverhalten jeder einzelnen Person (vgl. Müller & Willmann, 2016, S. 17f.).

Selbstverständlich gibt es keinen Regelkatalog, der Betroffenen im Trauerfall als Orientierungshilfe ausgehändigt wird. Dennoch weiß jede Gesellschaft, was unter *richtiger* Trauer zu verstehen ist, und bewertet das Verhalten Trauernder danach (vgl. ebd., S. 18). Es gibt also gemeinschaftlich geteilte Vorstellungen darüber, wie Trauernde fühlen sollen und welche Verhaltensweisen bei welchem Verlust angemessen sind und erwartet werden können (vgl. Jakoby et al., 2013, S. 261). Umgekehrt bedeutet dies auch, dass bestimmte Reaktionen und Verhaltensweisen als unangemessen und abweichend bewertet werden können. Diese Vorstellungen von *richtiger* und *falscher* Trauer können zwar in unterschiedlichen sozialen Gruppen derselben Gesellschaft voneinander abweichen, aber es besteht eine große Schnittmenge gemeinsamer Überzeugungen innerhalb der jeweiligen Gesellschaft (vgl. Müller & Willmann, 2016, S. 18).

Wenn die Ehefrau beispielsweise während der Trauerfeier ihres verstorbenen Mannes einen fröhlichen Gesichtsausdruck zeigen würde, dann wären die Trauergäste irritiert und verwundert. Ihr emotionaler Ausdruck würde als unpassend beurteilt werden und sie würde dafür sozial normiert und sanktioniert werden (vgl. ebd., S. 17). Das könnte zur Folge haben, dass die Ernsthaftigkeit der Ehe oder die Liebesintensität des Paares rückblickend von den Trauergästen infrage gestellt wird.

Wie das Beispiel verdeutlicht, beziehen sich heutige Trauernormen vor allem auf Gefühle und ihren Ausdruck. Die US-amerikanische Soziologin Arlie Russell Hochschild spricht bereits in den 1970er Jahren von Gefühlsnormen und beschreibt Trauer als emotionale Rolle. Gemeint ist damit, dass Trauernde auf ihrem Trauerweg einem vorgegebenen Skript – den sogenannten Gefühlsregeln – folgen (vgl. Hochschild, 1990, S. 73). Das soziale Umfeld überprüft, ob das Skript *richtig* befolgt wird und reagiert auf abweichendes Rollenverhalten mit negativer Bewertung (vgl. Jakoby et al., 2013, S. 263). Die Beschreibung von Trauer als emotionale Rolle löst Assoziationen aus, die an Schauspieler*innen erinnern. Der wesentliche Unterschied liegt darin, dass Trauernde beim Einüben und Ausführen der Trauerrolle weitestgehend auf sich allein gestellt sind und oftmals keine Vorerfahrungen mitbringen. Sie befinden sich unfreiwillig in dieser schmerzhaften und außerdem sehr realen Situation, die ihr gesamtes Leben bestimmt und – im Gegensatz zu Schauspieler*innen – nicht nur ihren Berufsalltag durchdringt.

Der komplexen Aufgabe des *richtigen* Trauerns gerecht zu werden, stellt somit für Trauernde häufig eine von außen auferlegte, zusätzliche Belastung dar. Ihr zu entsprechen, kann nahezu unmöglich erscheinen. Auf ihrem individuellen Trauerweg sind Trauernde also damit beschäftigt, ihr Fühlen und Denken mit den Anforderungen des *richtigen* Trauerns abzugleichen. Dieser Prozess läuft tendenziell unbewusst ab und wird daher selten von Trauernden explizit benannt.

2.2.3 Gefühlsnormen

Auch wenn die Emotionalisierung von Trauer heute als selbstverständlich erachtet wird, stellt sie historisch gesehen eine neue Erscheinung dar und ist auf die Entstehung des romantischen Liebesideals zurückzuführen (vgl. Sörries, 2012, S. 19f.). Erst zu Beginn des 19. Jahrhunderts breitet sich die Vorstellung aus, dass Ehe und Familie auf Liebe und Zuneigung basieren. Die Ehe wird nicht mehr als Zweckgemeinschaft mit Arbeitsteilung und Aufgabe zur Fortpflanzung betrachtet, sondern bekommt einen neuen Stellenwert (vgl. ebd., S. 20). Geheiratet wird vordergründig aus Liebe und damit einhergehend gewinnt nach dem Tod des*der Ehepartners*in der emotionale Aspekt des Verlustes zunehmend größere Bedeutung. Der Tod einer geliebten Person wird von dem Zeitpunkt an in erster Linie als emotionale Erschütterung empfunden und weniger als organisatorische Herausforderung (vgl. Jakoby et al., 2013, S. 256; Sörries, 2012, S. 26f.). Wie Menschen trauern, muss also vor dem Hintergrund geltender Gefühlsnormen betrachtet werden:

Welche konkreten Gefühlsnormen lassen sich in unserer heutigen Gesellschaft im Umgang mit Trauer beobachten? Welchen spezifischen Regeln unterliegen das Erleben und der Ausdruck von Trauer? Was wird unter *richtigen* und *falschen* Trauergefühlen verstanden?

Gefühlsnormen geben vor, welche Gefühle, wann, mit welcher Intensität und mit welcher Dauer zum Ausdruck gebracht werden sollten (vgl. Hochschild, 1990, S. 73). Verbreitete Gefühls- und Trauernormen sind beispielsweise, dass in der Zeit nach dem Tod der*des Partnerin*Partners Traurigkeit empfunden werden sollte und nicht etwa Freude. Entscheidend ist dabei auch das richtige Maß. Das heißt, dass die Trauer nicht zu stark und nicht zu schwach empfunden und ausgedrückt werden sollte (vgl. ebd., S. 80ff.). Sie sollte sich auch über einen bestimmten Zeitraum erstrecken, also nicht zu kurz, aber auch nicht zu lang anhalten. Der Zeitpunkt spielt auch eine Rolle. Das heißt, die Trauer sollte direkt nach dem Todesfall eintreten und nicht etwa Monate später. Doch die sehr komplexen Gefühle von Trauer verlaufen individuell sehr unterschiedlich, sowohl hinsichtlich ihres Beginns als auch in ihrer Intensität und zeitlichen Dauer. Somit entsteht häufig ein Zwiespalt zwischen den tatsächlich empfundenen Gefühlen von Trauernden und den Gefühlen, die von ihnen erwartet werden (vgl. ebd., S. 74f.). Dieses Spannungsverhältnis wird als unangenehm erlebt und trauernde Menschen streben danach, diesen Zwiespalt zu beheben, indem sie sogenannte Gefühlsarbeit leisten (vgl. Jakoby et al., 2013, S. 261). Für diese Gefühlsarbeit benennt Hochschild zwei Methoden: *Oberflächenhandeln* und *Inneres Handeln*.

Beim Oberflächenhandeln versuchen Trauernde ihre nach außen sichtbaren Gefühlsausdrücke wie ihre Mimik und ihre Gestik so zu verändern, dass sie mit dem von ihnen erwarteten Gefühlsausdruck übereinstimmen (vgl. ebd., S. 261). Folgt man Hochschild, stellt das oben beschriebene Beispiel der Ehefrau mit dem fröhlichen Gesichtsausdruck vermutlich ein unrealistisches Beispiel dar. Um ihrer Trauerrolle zu entsprechen und Sanktionen zu vermeiden, würde die Ehefrau versuchen, ein trauriges Gesicht zu machen, um Trauer vorzutäuschen bzw. um ihrer Trauer auch nach außen Ausdruck zu verleihen und dem Bild einer trauernden Ehefrau zu entsprechen.

Beim Inneren Handeln versuchen Trauernde so zu empfinden, dass sie mit den erwünschten Gefühlen übereinstimmen. Als unangebracht geltende Gefühle werden hingegen unterdrückt (vgl. Hochschild, 1990, S. 61f.). Nach dem Tod des*der Partner*in kann beispielsweise zunächst ein Gefühl der Erleichterung überwiegen, weil ein jahrelanger Krankheitsweg endet. Die trauernde Person gesteht sich womöglich nicht zu, auf diese Art und Weise zu fühlen, sondern versucht stattdessen Traurigkeit zu empfinden, um den (eigenen und gesellschaftlichen) Erwartungen vom *richtigen Trauern* zu entsprechen.

Wenn man als trauernde Person also nicht den gesellschaftlichen Erwartungen des *richtigen* Trauerns entspricht, kann sich dies erschwerend auf den individuellen Trauerprozess auswirken.

2.3 Intimität

Nachdem in Kapitel 2.2 der Begriff *Trauer* erläutert wurde, werden nun die weiteren Definitionen grundlegender Begriffe vorgestellt (*Intimität* in Kapitel 2.3, *Körperlichkeit* in Kapitel 2.4 und *Sexualität* in Kapitel 2.5).

In der Wissenschaft ist das Thema der *Intimität* bisher wenig erforscht und es gibt keine allgemeingültige Definition (vgl. Ruland, 2015, S. 103). Der Duden definiert Intimität als ein »vertrautes Verhältnis« (Duden, 2023b). Intimität stellt dabei den Versuch dar, durch das vertraute Verhältnis mit dem inneren Wesen eines Menschen in Kontakt zu treten (vgl. Müller, 2013, S. 47).

Zudem bedeutet Intimität, dass das Individuum auch mit sich selbst in eine innige Beziehung tritt, um intime Momente erleben zu können (vgl. ebd., S. 47f.). Intimität beinhaltet somit die Selbstoffenbarung und Selbsterkenntnis in der Begegnung mit sich und anderen Menschen (vgl. Ruland, 2015, S. 109). Eine intime Beziehung kann auf verschiedenen Ebenen hergestellt werden – ob auf einer körperlichen, intellektuellen, sexuellen, emotionalen oder sozialen Ebene.

Der Austausch mit anderen Menschen über die eigenen Gefühle und Gedanken stellt die zentrale Bedeutung von Intimität und Nähe dar. Denn durch den Austausch mit anderen Menschen bewegt sich das Individuum nicht nur aus der Einsamkeit heraus, sondern es wird auch der Zugang zu den eigenen Gefühlen möglich. Somit kann ganzheitliche Intimität in der Begegnung mit anderen Menschen ein Gefühl der Wärme, Zuneigung und des Angenommenseins erzeugen (vgl. Müller, 2013, S. 24ff.).

Das Bedürfnis nach Intimität ist tief in uns Menschen verankert. Dabei fällt es manchen Menschen – häufig aufgrund positiver Bindungserfahrungen in der Kindheit – einfacher als anderen, sich auf intime Begegnungen einzulassen (vgl. ebd., S. 51).

In den Medien und in der Gesellschaft wird Intimität häufig mit Sexualität gleichgesetzt, was der Bedeutung beider Begriffe nicht gerecht wird. Es trifft zwar zu, dass Sexualität häufig einen intimen Charakter hat, aber sexuelle Interaktionen können auch ohne (emotionale) Intimität bzw. Nähe erfolgen. Die Begegnung findet dann auf einer rein körperlichen Ebene statt, ohne dass man sich verbunden oder seelisch berührt fühlt. Gleichzeitig geht Intimität über Sexualität hinaus und kann auch in Begegnungen ohne sexuellen Charakter entstehen (vgl. ebd., S. 57ff.).

2.4 Körperlichkeit

Das aktive Ausleben von Sexualität ist ohne Körper und Körperlichkeit (fast) nicht denkbar (vgl. Sielert, 2005, S. 44). Und gleichzeitig ist Körperlichkeit beispielsweise in Form von Berührungen auch ohne sexuellen Charakter möglich.

Mithilfe des Körpers vollzieht der Mensch soziales Handeln und die Auseinandersetzung mit anderen Menschen (vgl. Gugutzer, 2015, S. 8f.). Körperlichkeit, Intimität und Berührung können für den Menschen als soziales Wesen eine enorme Bedeutung haben, wobei nicht jeder Mensch zwangsläufig ein Bedürfnis nach sozialer Nähe, Handeln (vgl. Scheu & Autrata, 2018, S. 242) und Körperlichkeit haben muss.

Grützner beschreibt in seinem Buch *Trauer und Bewegung*: »Jenseits aller Worte findet Leid seinen Ausdruck über den Körper, in Blicken, in Gesten, in Haltungen und Bewegungen« (ebd., 2018, S. 10f.). So ist der Körper ein »Ausdrucksort des schmerzvollen Geschehens, lange bevor der Mensch Worte finden kann für das, was er durchlebt« (ebd., S. 19). Und gleichzeitig kann Körperlichkeit als Kraftquelle, auch in Zeiten der Trauer, angesehen werden. Auch wenn Trauer durch Bewegung und Körperlichkeit nicht überwunden werden kann, so können diese aus der »Trauererstarrung« (ebd., S. 11) heraushelfen.

2.5 Sexualität

Der Begriff Sexualität beinhaltet ein breites Spektrum an Gefühlen und Umgangsformen wie beispielsweise Zärtlichkeit und Sinnlichkeit. Diese Vorstellung hat sich im letzten Jahrhundert allmählich durchgesetzt und ermöglicht ein umfassenderes Verständnis von Sexualität, das nicht nur auf die Genitalien oder Fortpflanzung fokussiert (vgl. Sielert, 2005, S. 38).

Wie Menschen ihre Sexualität ausleben, kann als etwas Erlerntes verstanden werden: »So werden die biologischen Anlagen von den sozialen Erfahrungen im Verlauf der Lebensgeschichte überformt und besitzen keinen davon unabhängigen Einfluss auf das Verhalten und Erleben der Menschen« (Quindeau, 2014, S. 23). Welche Berührungen beispielsweise als angenehm oder unangenehm empfunden werden, hängt nicht von einer *Veranlagung* der jeweiligen Körperstelle ab, sondern von den *sozialen Erfahrungen* (vgl. ebd., S. 30). Denn erst in der Interaktion mit anderen Personen wird der Körper mit der Fähigkeit ausgestattet, sexuelle Lust zu erleben (vgl. Quindeau, 2008, S. 47).

Insbesondere dann, wenn genitale Sexualität in der gewohnten Form beispielsweise aufgrund einer Erkrankung oder aus sonstigen Gründen nicht mehr möglich ist, können andere Formen der Körperlichkeit und Intimität an Bedeutung gewinnen. Wenn eine Person ein enges, heterosexuelles Verständnis von Sexualität hat, geht dies häufig einher mit der Vorstellung von Sexualität als Genitalität, Geschlechtsverkehr und Penetration. Je enger das individuelle Verständnis von Sexualität ist, als umso schwerwiegender kann der Verlust von einem Aspekt der Sexualität erlebt werden. Bricht dieser Aspekt von Sexualität weg, kann der Verlust einschneidender wahrgenommen werden, als wenn ein weites Verständnis von Sexualität vorliegt. Ein weites Verständnis würde auch Aspekte wie Berührungen, Austausch von intimen Gedanken, Intimität in vielfältigen Variationen umfassen und als Bereicherung verstehen. Der Verlust der gewohnten Sexualität würde ebenfalls wahrgenommen werden, könnte aber durch andere Handlungen und Momente »ersetzt« werden (vgl. Roser, 2014, S. 15).

2.6 Sexualität im Trauerprozess

In den meisten wissenschaftlichen Publikationen zum Thema Sterben, Tod und Trauer wird der Aspekt der Sexualität und Intimität ausgespart.

Beide Forschungsgebiete wurden in den letzten 50 Jahren vielfach beforscht – jedoch überwiegend getrennt voneinander. Der Überschneidung dieser beiden Themenfelder wurde bisher wenig Beachtung geschenkt (vgl. Kansky, 1986, S. 307). Eines der wenigen Bücher aus dem deutschsprachigen Raum, das sich mit diesem Thema beschäftigt, ist das Buch *Sexualität in Zeiten der Trauer* von Traugott Roser (ebd., 2014). Der aktuelle Forschungsstand zum Thema Sexualität und Intimität im Trauerprozess kann somit als sehr überschaubar bezeichnet werden. Es fehlt an vielfältiger Fachliteratur und es wurde dazu bisher vorwiegend im englischsprachigen Raum geforscht. Über die einzelnen Studien soll im Folgenden ein Überblick gegeben werden. Darüber hinaus werden Erfahrungsberichte von persönlich Betroffenen und professionell Tätigen einbezogen. Diese sind als Ratgeber*innen verfasst und geben erste Antworten auf Fragen, denen wissenschaftlich weiter nachgegangen werden sollte. Somit stellen Erfahrungsberichte und Ratgeber*innenliteratur ebenfalls eine wichtige Quelle in dem bisher weitgehend unerforschten Themengebiet dar und greifen den zentralen Bereich des Erfahrungswissens von Betroffenen auf (Witt-Loers, 2017; Price, 2019; Courtney, 1985).

In der Fachzeitschrift *Sex & Marital Therapy* wurde bereits im Jahr 1986 eine Studie vorgestellt, die das Sexualverhalten von heterosexuellen verwitweten Frauen innerhalb der ersten 14 Monate nach dem Tod des Partners untersucht[5]. Circa 20 Prozent der befragten Frauen waren in diesem Zeitraum sexuell aktiv, der Großteil davon bereits in den ersten sechs Monaten nach dem Tod (vgl. Kansky, 1986, S. 316). Aus der Studie geht hervor, dass bestimmte Faktoren den Zeitpunkt der Wiederaufnahme von Sexualität beeinflussen. So macht es beispielsweise einen signifikanten Unterschied, ob der Tod des Partners plötzlich eingetreten ist oder vorhersehbar war. Diejenigen Befragten, für die der Tod absehbar war (z. B. nach langer Krankheit), zeigen eine höhere sexuelle Aktivität und eine stärker ausgeprägte Libido[6] (vgl. ebd., S. 313). Kansky begründet den Unterschied damit, dass viele der befragten Frauen bereits vor dem Tod ihres erkrankten Mannes auf den sexuellen Aspekt innerhalb der Beziehung ganz oder teilweise verzichten mussten. Diese Veränderung wird von vielen Frauen als ein großer Verlust erlebt.

5 Kansky hat verwitwete Frauen zu ihrer Sexualität innerhalb der ersten 14 Monate nach dem Tod ihres Ehemannes befragt. Das Alter der befragten Frauen lag zwischen 30 und 62 Jahren (vgl. Kansky, 1986, S. 307).

6 Der Begriff der Libido wird synonym zu sexueller Lust und Begehren verwendet.

Die Trauer um die verlorene sexuelle Verbindung beginnt bereits vor dem eigentlichen Tod des Partners. Somit setzt der Verarbeitungsprozess deutlich früher ein als bei denjenigen Befragten, die ihren Partner unerwarteterweise verloren haben (vgl. ebd., S. 314). Die Studie zeigt auf, dass viele Paare in der verbleibenden Zeit bis zum Tod Gespräche darüber führen, wie das Leben für die Person, die weiterlebt, nach dem Tod des Partners weitergehen kann. Deutlich wird, dass eine ausdrückliche Erlaubnis, wieder Sexualkontakte und/oder eine neue Partner*innenschaft eingehen zu dürfen, dabei helfen kann, mit Schuldgefühlen besser umzugehen (vgl. ebd., S. 315). Neben dem Todesumstand stellt auch das Alter in der Studie einen entscheidenden Faktor dar. Die jüngeren Witwen sind sexuell aktiver als die älteren Befragten, obwohl die Libido beider Altersgruppen sich nicht signifikant voneinander unterscheidet (vgl. ebd., S. 317).

In der internationalen Fachzeitschrift *Bereavement Care* erschien im Jahr 1985 ein Artikel mit dem Titel »The Sexual Needs of Widowed People«. Darin bezieht sich die Autorin Marion Courtney auf ihre jahrelangen Erfahrungen als Notfallseelsorgerin. Sie verdeutlicht, dass sich sexuelle Bedürfnisse von Trauernden insbesondere in der ersten Zeit der Trauer stark voneinander unterscheiden. Während manche bereits zeitnah nach dem Tod sexuelle Lust empfinden, berichten andere, dass solche Bedürfnisse eher in den Hintergrund geraten:

> »Although some people find that sexual desire, like other appetites, is reduced during the early days of grief, for others this may be one of the very first things to loom up after the partner dies, even before consideration of all the immediate things like telling the family, undertaker or neighbours« (Courtney, 1985, S. 9).

Diesen Unterschied erklären Kitzinger (1985) und Roser (2014) damit, dass jeder starke emotionale Zustand die Libido einer Person beeinflusst. Dieser kann entweder maßgeblich sexuell motivierend wirken oder aber einen Libidoverlust bedeuten (vgl. Roser, 2014, S. 35). Es gibt eine Verknüpfung von (zeitweisem) Libidoverlust mit dem Verlust anderer positiver Gefühle im Trauerprozess (vgl. ebd.). Libidoverlust kann daher als normaler Teil von Trauerprozessen angesehen werden, aber ist *keine* Bedingung für einen gelungenen Trauerverlauf.

Diese Erklärungen decken sich auch mit den Erfahrungen von Witt-Loers (2017). Als Trauerbegleiterin hat sie einen Ratgeber verfasst, der sich explizit an Frauen nach Partner*innenverlust richtet. Ein Unterkapitel widmet die Autorin dem Thema »Zärtlichkeit und Sex«. Damit unterscheidet sich dieser Ratgeber grundlegend von anderen seiner Art. Gerade dann, wenn Trauernde kurze Zeit nach dem Tod das Verlangen nach Sexualität verspüren, kann die bloße Existenz solcher Gedanken äußerst irritierend sein und extreme Scham- und Schuldgefühle auslösen (vgl. ebd., S. 40; Courtney, 1985, S. 9). »Trauernde Frauen schämen sich, wenn sie solche Bedürfnisse spüren, und glauben, dass dies in der Trauer nicht sein darf« (Witt-Loers, 2017, S. 41). Die Hintergründe dafür werden in Kapitel 2.7 erläutert. Die Autorin gibt keine Erklärung dafür, worauf die innere Zerrissenheit zurückgeführt werden kann, und lässt dabei den Einfluss gesellschaftlicher Normen unerwähnt. Dennoch wird ihre Haltung an folgender Aussage deutlich, in der sie Trauernde darin bestärkt, sich nicht verunsichern zu lassen: »Verurteilen Sie sich bitte nicht. Sie sind kein schlechter Mensch, weil Sie Zuneigung, Bestätigung und Halt bei jemand suchen, der Ihnen gerade guttut und Ihnen momentan hilft, zu überleben« (ebd., S. 42).

So kann Sexualität in der Trauer auch eine Überlebenshilfe sein. Sich körperlich zu spüren und lebendig zu fühlen, kann »in einer Zeit der Auflösung des Gewohnten, wie sie trauernde Menschen erleben« (Grützner, 2018, S. 37), dabei helfen, »ins ›Hier und Jetzt‹ zu kommen, abzuschalten und zugleich im Augenblick präsent zu sein« (ebd., S. 102). Körperlichkeit spielt darum in Trauerprozessen eine wichtige Rolle und kann eine Wohltat für den Körper sein. Wie oben bereits beschrieben, geht Grützner in seinem Buch *Trauer und Bewegung* darauf ein, welches Potenzial die Kraft der Körperlichkeit für trauernde Menschen bergen kann. Sexualität wird zwar nicht explizit als eine Form der Körperlichkeit benannt, dennoch lassen sich zahlreiche Überlegungen auch auf diesen Aspekt übertragen. So beschreibt Grützner, dass Körperlichkeit und Bewegung dabei helfen können, Selbstwirksamkeit zu erleben, indem man sich zumindest (zeitweise) aus der Ohnmacht des passiv erlittenen Verlusts befreit: »Mit der Kraft der Körperlichkeit können wir uns körperlich, geistig und emotional von dort wegbewegen, wo wir nicht sein wollen, und unser Denken und Fühlen beeinflussen« (ebd., S. 46).

2.7 Trauernormen in Bezug auf Sexualität

Wie Trauernde zu fühlen und sich zu verhalten haben, betrifft auch den Bereich ihrer Sexualität, insbesondere dann, wenn ein*e Partner*in verstorben ist. Eine weitverbreitete Annahme lautet, dass Sexualität im Trauerprozess eine untergeordnete Rolle spiele. Was verbirgt sich aber hinter einer solchen Vorstellung, die eine Gleichzeitigkeit von Trauer und Sexualität nahezu unmöglich erscheinen lässt?

Laut Forschungen der Neurowissenschaft besteht ein enger Zusammenhang zwischen den Gefühlen von Vergnügen und sexueller Erregung (vgl. Roser, 2014, S. 34). Der Duden definiert Vergnügen als »Freude, Lust« und »Spaß« (Duden, 2023c). Es wird also davon ausgegangen, dass sexuelle Erregung eine Bandbreite angenehmer Gefühle hervorruft. Vor dem Hintergrund geltender Gefühlsnormen dürfen Gefühle von Vergnügen im Trauerprozess nicht existieren. Trauernde haben demnach selbst verinnerlicht, dass sie keine Freude empfinden dürfen. Das geht beispielsweise auch aus der norwegischen Untersuchung von Dyregrov und Gjestad (2011) hervor. Hier berichten einige Mütter, deren Kinder gestorben sind, dass sie sich an nichts erfreuen konnten, so als ob sie kein Recht hätten, irgendeine Freude oder Glück zu empfinden: »No, I could not feel pleasure with sex when my child was dead. In fact, I felt I should not feel pleasure over anything, as I was a horrible human being« (ebd., S. 299).

Deutlich wird hier vor allen Dingen: Indem Trauernde Freude empfinden, weichen sie von der Norm ab. Damit gehen dann oftmals Schamgefühle einher (vgl. Jakoby et al., 2013, S. 263). Nicht nur bei Freude und Lust können Scham- und Schuldgefühle bei der trauernden Person auftreten, sondern auch dann, wenn relativ zeitnah nach dem Tod des*der Partner*in ein neuer Sexualkontakt eingegangen wird (vgl. Witt-Loers, 2017, S. 43). Hier besagt die Norm, dass Trauernde eine »würdige Trauerphase« (Roser, 2014, S. 41) einhalten sollen, bevor sie wieder sexuell aktiv sein dürfen. Diese Vorstellung führt Roser auf das »Trauerjahr« zurück, dessen Ursprung in der römischen Rechtsprechung liegt. Diese Regelung besagte, dass Frauen nach dem Tod des*der Partner*in zehn Monate keine neue Ehe eingehen durften, weil die Sorge bestand, dass die Frau möglicherweise noch von dem verstorbenen Mann schwanger sein könnte (vgl. ebd., S. 40f.). Mit dem Eheverbot wurden jegliche Sexualkontakte untersagt. Das »Trauerjahr« galt somit auch nur für Frauen. Aus rechtlicher Perspektive hat es seine Gültigkeit verloren, trotzdem wurde es von der Gesellschaft in den Moralkodex für Frauen/weiblich gelesene Menschen übernommen (vgl. ebd., S. 41).

In ihrem Trauerratgeber *Sex After Grief* macht Joan Price eine ähnliche Beobachtung. Sie sagt, dass man als trauernde Person dafür verurteilt wird, wenn man sich »zu schnell« dem Thema Dating widmet oder mit einer anderen Person intim wird. Sie ermutigt Trauernde dazu, sich nicht davon verunsichern zu lassen, wenn sie zeitnah nach dem Tod des*der Partner*in sexuelle Bedürfnisse bei sich wahrnehmen. Es gebe keine richtige Zeitspanne, die es einzuhalten gilt, bevor man sich der eigenen Sexualität wieder annähern darf (vgl. Price, 2019, S. 76).

Wenn trauernde Menschen aus gesellschaftlicher Sicht gegen Trauernormen verstoßen und relativ schnell wieder eine Beziehung eingehen, kann das auch zur Folge haben, dass ihnen die Verbundenheit und Liebe zur verstorbenen Person abgesprochen werden (vgl. Kap. 4.2.5). Ein solches Urteil bewirkt, dass sich Trauernde schuldig fühlen, so als ob sie ihre*n verstorbene*n Partner*in betrügen würden. Genauso kann es passieren, dass das soziale Umfeld die Trauer um den*die verstorbene*n Partner*in für beendet erklärt, sobald eine neue Beziehung eingegangen wird (vgl. Witt-Loers, 2017, S. 43). Wie bereits in Kapitel 2.2.1 aufgezeigt wurde, besagen neuere Forschungsergebnisse, »dass es vielfach eine Gleichzeitigkeit des Trauerns und des Eingehens neuer Beziehungen gibt« (Lammer, 2014, S. 36).

2.8 Trauer um den Verlust von Sexualität und Intimität

Wenn Paare ein erfüllendes Liebes- und Sexualleben geführt haben und eine*r der beiden Partner*innen verstirbt, dann erscheint es naheliegend, dass die fehlende körperliche Nähe und Intimität von der zurückbleibenden Person als ein großer Verlust empfunden wird (vgl. Courtney, 1985, S. 8). Bisher ist wenig bekannt über diesen Aspekt der Trauer. Dennoch hält sich hartnäckig die Auffassung, dass der sexuelle Verlust für Trauernde nicht relevant sei (vgl. ebd.).

Die US-Amerikaner*innen Radosh und Simkin (2016) sind die ersten Wissenschaftler*innen, die zu dieser Thematik forschen. Sie bezeichnen diesen Aspekt der Trauer als *sexual bereavement*. Aus ihrer Arbeit geht hervor, dass der sexuelle Verlust in der Trauerbegleitung nur selten oder gar nicht thematisiert wird, weder vonseiten der Ratsuchenden noch vonseiten der Berater*innen (vgl. ebd., S. 26). Es gibt mittlerweile zahlreiche Trauerratgeber, die sich speziell an Hinterbliebene nach Partner*innenverlust richten. Auch hier wird die Thematik ausgeklammert (vgl. ebd., S. 28).

Aber welchen Einfluss hat es auf Trauernde, wenn Gefühle der Trauer um den sexuellen Verlust von einer Kultur des Schweigens umgeben sind?

Um diese Frage zu beantworten, ziehen Radosh und Simkin (2016) das Konzept *disenfranchised grief* heran, dass in den 1980er Jahren von dem US-amerikanischen Trauerexperten Doka entwickelt wurde. Im Deutschen wird der Begriff häufig mit »entrechtete Trauer« oder »aberkannte Trauer« (Paul, 2011) übersetzt. Das Konzept besagt, »dass Trauerprozesse stark davon beeinflusst werden, ob die unmittelbare Umgebung und die Gesellschaft im Allgemeinen den Verlust anerkennen und würdigen« (Doka, 2014, S. 4). Zwar wird der Tod eines*einer Partners*in prinzipiell anerkannt und von der Gesellschaft als schwerwiegend eingestuft, das heißt, es wird eine starke Betroffenheit vermutet und die Trauer darf öffentlich ausgedrückt werden (vgl. Müller & Willmann, 2016, S. 27f.). Dennoch wird die Trauer um den Verlust von Intimität als Teilaspekt nicht ausreichend berücksichtigt und gewürdigt. Trauernde sind von einer Gesellschaft umgeben, die diesen Aspekt ausklammert und verschweigt. Dadurch erscheint eine Thematisierung nahezu unmöglich und ist häufig mit Gefühlen von Scham verbunden (vgl. Courtney, 1985, S. 8). Gleichzeitig bleiben Gespräche verwehrt, die oft eine entlastende Wirkung haben und für den Verarbeitungsprozess bedeutsam sein können. Dadurch sind Trauernde mit ihren Gefühlen auf sich allein gestellt und müssen eigene Umgangsstrategien entwickeln.

Roser plädiert dafür, die Schweigemauer zu durchbrechen: »Es wäre schön, wenn am Ende Trauernde, die sich mit ihrer Sexualität auseinandersetzen, nicht auf Schlafende, sondern auf wache und anteilnehmende Gesprächspartner stoßen würden« (Roser, 2014, S. 9). Mit seinem Buch *Sexualität in Zeiten der Trauer* bietet er Anknüpfungspunkte für Trauerbegleiter*innen, damit sich diese im Umgang mit trauernden Menschen entsprechenden Fragen und Bedürfnissen professionell und offen widmen können.

3 Methodik

Die zuvor dargestellten theoretischen Überlegungen dienen als Ausgangspunkt für die Forschung, die diesem Buch zugrunde liegt. Im Rahmen zweier Studien wurden die Themen Körperlichkeit und Sexualität in Zeiten von Abschied und Trauer erforscht. Im Jahr 2020 führte Annika Pehle im Rahmen einer Studie *Interviews mit Abschieds- und Trauerbegleiter*innen* durch, um der Frage nachzugehen, welche Bedeutung Körperlichkeit, Intimität und Sexualität in Zeiten des Sterbens, Abschiednehmens und Trauerns einnehmen. Der Fokus lag dabei auf dem professionellen, praktischen Umgang mit dieser Thematik im Kontext von Abschieds- und Trauerarbeit. Teilweise aufbauend auf den Ergebnissen dieser Forschung führte Nora Lynch im Jahr 2021 *Interviews mit Trauernden* durch, um herauszufinden, welche Bedeutung Intimität und Sexualität im Trauerprozess nach Partner*innenverlust durch Tod einnehmen können.

Im Folgenden wird zusammenfassend das methodische Vorgehen der beiden Studien beschrieben. Im Anschluss daran werden in Kapitel 4 und 5 die Ergebnisse beider Studien vorgestellt.

3.1 Wahl der Interviewformen

Bei der Wahl der Interviewform muss die doppelte Tabuisierung von Trauer und Sexualität berücksichtigt werden. Durch diese Tabuisierung benötigt das Interview vorstrukturierende Elemente. Mit diesen Elementen wird den Befragten während des Interviews ein Orientierungsrahmen gegeben. Beim Beforschen tabuisierter Themen rät Helfferich ausdrücklich zu »Leitfaden-Interviews mit Nachfragemöglichkeiten« (Helfferich, 2011, S. 168).

Deshalb wurde in beiden Studien das *leitfadengestützte Interview* als Erhebungsmethode gewählt. Ein Leitfaden gibt dem Interviewverlauf einen bestimmten Weg vor und strukturiert damit die Gesprächssituation. Die forschende Person kann sich aber nicht »an einer festen Reihenfolge vorgegebener Fragen« (Przyborski & Wohlrab-Sahr, 2014, S. 126) orientieren, weil dies zu wenig Spielräume für eine individuelle Schwerpunktsetzung innerhalb der Interviews ließe. Stattdessen muss die forschende Person die Interviewsituation offen gestalten und auf spontane Abweichungen flexibel reagieren können. So soll ein starres Festhalten am Leitfaden im Sinne einer »Leitfadenbürokratie« (Kruse, 2015, S. 209) verhindert werden.

Die beiden Studien unterscheiden sich in Hinblick auf die Personengruppen, die befragt wurden. In der *ersten Studie* wurden Personen befragt, die in Abschieds- und Trauerkontexten arbeiten. Es handelt sich dabei um sogenannte *Expert*inneninterviews* (vgl. Kaiser, 2014, S. 35f.). Da aber auch trauernde Personen *Expert*innen* ihres eigenen Erfahrungswissens sind, wird in diesem Buch statt des Begriffs *Expert*innen* die Bezeichnung *Abschieds- und Trauerbegleiter*innen* für diese interviewte Personengruppe der ersten Studie verwendet. Die befragten Abschieds- und Trauerbegleiter*innen (und ihr theoretisches sowie ihr praktisches Wissen) sind als Interviewpartner*innen für die erste Studie deshalb von besonderem Interesse, weil sie durch ihre Arbeit mit verschiedenen Personen vielfältige Einblicke in die Erfahrungswelten von Abschiednehmenden und Trauernden haben.

Das Ziel der *zweiten Studie* ist es, eben diese Erfahrungswelten von Trauernden genauer zu ergründen. Hierbei stehen die Perspektiven, das Erleben und die Bedürfnisse von Trauernden in Hinblick auf Sexualität und Intimität im Fokus und werden sichtbar gemacht. Dafür eignet sich insbesondere das *Einzelinterview* als Erhebungsmethode. Aufgrund der sensiblen Thematik wurde der Leitfaden mit großer Sorgfalt und Genauigkeit und in enger Zusammenarbeit mit einer Trauerbegleiterin angefertigt.

Beide Interviewformen fallen in die Kategorie sogenannter *qualitativer Methoden*. Diese Methoden stellen das Wissen und Erleben einzelner Personen in den Mittelpunkt. Die in den Studien verwendeten Interviews sind offen gestaltet, um den befragten Personen ausreichend Raum zu geben, frei zu antworten und ihre eigenen Schwerpunkte zu setzen (vgl. Kruse, 2015, S. 148). Aufgrund der verschiedenen Forschungsschwerpunkte und der unterschiedlichen Befragtengruppen wurden für die beiden Studien zwei unterschiedliche Fragebögen[7] erarbeitet und genutzt. Der jeweilige

7 Die Leitfäden/Fragebögen befinden sich im Anhang dieses Buches.

Leitfaden besteht aus mehreren Themenblöcken, die alle jeweils mit einem offenen Erzählimpuls beginnen, gefolgt von mehreren konkreten Nachfragemöglichkeiten (vgl. Helfferich, 2011, S. 182f.).

3.2 Stichprobengewinnung und Interviewdurchführung

In qualitativen Verfahren ist es üblich, dass die Interviewpersonen nach vorab festgelegten Kriterien ausgewählt werden (vgl. Döring & Bortz, 2016, S. 302). Das übergeordnete Ziel besteht darin, die »Heterogenität des Untersuchungsfeldes« (Kruse, 2015, S. 241) abzubilden. Das kann nur dann gewährleistet werden, wenn sich die Fälle voneinander unterscheiden. Die Interviewanfragen für die beiden Studien enthielten unter anderem grundlegende Informationen zum Forschungsinteresse, Informationen zur gesuchten Personengruppe sowie zu den Rahmenbedingungen der Interviews. Die besondere Herausforderung lag darin, einerseits ausreichend Informationen zur Verfügung zu stellen und andererseits nicht zu viel vorwegzunehmen, wie zum Beispiel genaue Fragestellungen (vgl. Kruse, 2015, S. 255), da dies gegebenenfalls möglichst offene und unvoreingenommene Antworten in der Interviewsituation beeinflussen würde. Dennoch war es aus forschungsethischer Perspektive wichtig, den Interviewten alle nötigen Informationen an die Hand zu geben, die für eine gut überlegte Entscheidung zur Teilnahme erforderlich sind. Aufgrund der sensiblen Thematik kann eine Teilnahme gewisse Risiken und Belastungen beispielsweise für Trauernde bergen. Dies macht eine informierte Einwilligung umso wichtiger (vgl. Döring & Bortz, 2016, S. 124). Die Grundlage hierfür bilden die Ethikrichtlinien der Deutschen Gesellschaft für Psychologie (vgl. DGPs, 2023). Insbesondere geht es um den Schutz personenbezogener Daten und der Persönlichkeitsrechte der interviewten Personen, die Bedeutung der informierten Zustimmung *(informed consent)* und die Wahrung der Vertraulichkeit (vgl. Kaiser, 2014, S. 47f.; Schnell & Dunger, 2018, S. 30).

3.2.1 Studie 1: Interviews mit Abschieds- und Trauerbegleiter*innen

Wie bereits oben beschrieben wurden mit Blick auf den Forschungsschwerpunkt der ersten Studie Personen ausgewählt, die in der Abschieds- und Trauerarbeit tätig sind. Dabei wurde insbesondere darauf geachtet, dass die Personen aus unterschiedlichen Arbeitsbereichen kommen, um eine multiperspektivische Betrachtung des Forschungsfelds zu ermöglichen. Zu den kontaktierten Personen gehörten Hospizbegleiter*innen, Trauerbegleiter*innen, Sterbeammen/-gefährten, Trauerredner*innen und Bestatter*innen. Die Rekrutierung der Interviewteilnehmer*innen erfolgte zunächst per Internetrecherche. Anhand der ermittelten Kontaktdaten wurden verschiedene Institutionen und Personen per E-Mail angeschrieben. Es wurden insgesamt zehn Personen befragt. Die Interviews wurden entweder in den Dienststellen der befragten Personen, in privaten Haushalten oder in anderen Räumlichkeiten durchgeführt. Die Dauer der Interviews lag zwischen 50 und 100 Minuten.

Zusammenfassend werden nachfolgend die Interviewteilnehmer*innen der ersten Studie anhand ihrer Arbeitsschwerpunkte tabellarisch aufgeführt. Durch die verschiedenen Expertisen der Befragten überschneiden sich die Charakteristika der befragten Personen teilweise. Die Vorstellung der einzelnen Interviewteilnehmer*innen erfolgt in Kapitel 4.1.

Tab. 1: Übersicht der Interviewteilnehmer*innen

befragte Personen (anonymisiert)	**Arbeitsschwerpunkte**
BP1	Sterbebegleiterin und Koordinatorin eines ambulanten Hospizdienstes
BP2	Hospiz- und Sterbebegleiterin
BP3	Hospiz- und Sterbebegleiter
Claudia Cardinal (nicht anonymisiert)	Sterbeamme und Trauerbegleiterin
BP5	Sterbeamme und Trauerbegleiterin
BP6	Bestatterin und Trauerbegleiterin
BP7	Trauerbegleiterin
BP8	Mitarbeiterin einer Beratungsstelle für Abschied und Trauer
BP9	Mitarbeiterin einer Beratungsstelle für Abschied und Trauer
BP10	Mitarbeiterin einer Beratungsstelle für Abschied und Trauer

3.2.2 Studie 2: Interviews mit Trauernden

Die Gewinnung der Befragten für die zweite Studie erfolgte über Schlüsselpersonen, die den Kontakt zur Zielgruppe der trauernden Menschen herstellten. Dafür wurden per E-Mail verschiedene Institutionen und Personen kontaktiert, die professionell in der Abschieds- und Trauerarbeit tätig sind. Entgegen der Erwartung eines schleppenden Rücklaufes, meldeten sich in weniger als zwei Wochen mehr als 20 an einem Interview interessierte Menschen zurück. Hieran wird die Relevanz des Themas deutlich. Zahlreiche Anfragen mussten aus Kapazitätsgründen abgelehnt werden. Es wurden insgesamt fünf Interviews geführt – drei davon über Telefon und zwei per Video-Chat[8]. Die Auswahl der Interviewpersonen basierte auf drei Kriterien, die weiter unten näher beschrieben werden. Die Gespräche dauerten zwischen 49 und 114 Minuten. Es gab immer wieder emotionale Gesprächsmomente, insbesondere dann, wenn die verstorbene Person zum Thema wurde. Diese stellten aber keinen Hinderungsgrund dafür dar, die Interviews fortzuführen.

Mit Bezug auf den theoretischen Hintergrund wurden bei der Fallauswahl für die zweite Studie folgende Kriterien berücksichtigt:

1. *Alter:* Die bisherige Forschungslage gibt Hinweise darauf, dass das Alter ein relevantes Kriterium darstellen könnte. In der Untersuchung von Kansky (1986) zeigen die jüngeren Studienteilnehmer*innen eine höhere sexuelle Aktivität im Vergleich zu den älteren Befragten. Bei der Fallauswahl wurde deshalb eine möglichst große Altersspanne als relevant angesehen. Das Alter der Befragten liegt zwischen Ende 20 und Mitte 60. Zu Anonymisierungszwecken werden keine konkreten Altersangaben gemacht, sondern Altersspannen angegeben.
2. *Todeszeitpunkt Partner*in:* Auf den Trauerprozess bezogen macht es einen Unterschied, ob der Tod des*der Partner*in viele Jahre zurückliegt oder erst kürzlich eingetreten ist. Aus Vergleichbarkeitsgründen wurde deshalb eine zeitliche Begrenzung von fünf Jahren vorgenommen. Der Tod des*der Partner*in liegt bei den Befragten zwischen zwei und vier Jahren zurück.
3. *Todesursache Partner*in:* Es zeigen sich Unterschiede im Sexualverhalten von Trauernden, je nachdem ob der*die Partner*in plötzlich

8 Aufgrund der vorherrschenden Coronapandemie wurden Face-to-face-Interviews ausgeschlossen.

(z. B. durch Suizid, Unfall) verstorben ist oder der Tod vorhersehbar war (z. B. nach einer langen Krankheit). Aus diesem Grund wurde der Aspekt des Todesumstandes im Auswahlverfahren berücksichtigt, und zwar so, dass verschiedene Todesumstände der Partner*innen vertreten sind.

Die finalen Interviewteilnehmer*innen werden hier tabellarisch aufgeführt. Eine ausführliche Vorstellung der einzelnen Interviewteilnehmer*innen erfolgt in Kapitel 5.1.

Tab. 2: Übersicht der Interviewteilnehmer*innen

befragte Personen (anonymisiert)	Freya	Kai	Irene	Billie	Lucy
Altersspanne	Ende 20	Mitte 60	Anfang 50	Ende 30	Mitte 40
Todeszeitpunkt Partner*in	vor 2 Jahren	vor 2,5 Jahren	vor 4 Jahren	vor 2 Jahren	vor 4 Jahren
Todesursache Partner*in	Krebs-erkrankung	Krebs-erkrankung	Unfall	Krebs-erkrankung	Suizid

Sowohl in der ersten Studie als auch in der zweiten Studie wurde allen Befragten vor dem Interview eine Einwilligungserklärung zur Erhebung und Verarbeitung personenbezogener Daten vorgelegt. Die Einwilligungserklärung wurde erläutert und anschließend von allen Befragten unterschrieben. Zu Beginn des Interviews wurden die Befragten darüber aufgeklärt, dass die Teilnahme freiwillig erfolgt und nicht auf jede Frage geantwortet werden muss. Für die spätere Auswertung der Interviews sei aber eine möglichst offene Beantwortung hilfreich. Es wurde darüber informiert, dass das Interview zu jedem Zeitpunkt beendet werden kann oder auch Pausen möglich sind. Damit wurde signalisiert, dass die Teilnahmebereitschaft jederzeit und ohne Angabe von Gründen zurückgezogen werden kann. Aufgrund der sensiblen Thematik wurde bei den anfänglichen Erläuterungen und Hinweisen großer Wert auf Transparenz gelegt. Dies hatte einerseits zum Ziel, Vertrauen und Sicherheit zu schaffen und andererseits, über die eigenen Möglichkeiten der Einflussnahme im Verlauf des Gesprächs zu informieren.

3.3 Datenaufbereitung und -analyse

Die Interviews wurden mithilfe eines Aufnahmegeräts aufgezeichnet und im Anschluss transkribiert, also verschriftlicht. Die Transkripte wurden anonymisiert, sodass keine Rückschlüsse auf die Teilnehmenden und etwaige Dritte, die innerhalb der Interviews erwähnt werden, möglich sind. Der Datenschutz wird somit durch die Anonymisierung der Personen und ihrer Aussagen gewährleistet. Alle Änderungen zu Anonymisierungszwecken und Kürzungen wurden innerhalb der Transkripte durch eckige Klammern hervorgehoben. Sprechpausen ab einer Länge von drei Sekunden werden mit Auslassungspunkten in runden Klammern hervorgehoben. In den Transkripten der Interviews mit Trauernden werden bei starker Betonung ganze Wörter großgeschrieben. Emotionale nonverbale Äußerungen werden in runden Klammern, zum Beispiel: (lacht), gekennzeichnet. Die Aussagen wurden dadurch inhaltlich nicht verändert. Im Anschluss an die Transkription folgte die inhaltliche Analyse der Interviews.

Die *Interviews mit den Abschieds- und Trauerbegleiter*innen* wurden mithilfe der *kategorisierenden Inhaltsanalyse* ausgewertet. Hierbei wird das Textmaterial auf einen für die Analyse relevanten und interessanten Inhalt in Form von Textpassagen reduziert. Die Textpassagen werden strukturiert und verschiedenen Kategorien zugeordnet (vgl. Kaiser, 2014, S. 90f.). Anhand dieser Kategorien werden die verschiedenen Erfahrungen und nur die für das Forschungsinteresse relevanten Aussagen der befragten Abschieds- und Trauerbegleiter*innen herausgearbeitet und zusammenfassend dargestellt.

Die *Interviews mit den Trauernden* wurden mithilfe der *Thematischen Analyse* nach Braun und Clarke (2006) analysiert. Sie verfolgt das Ziel, »in den Daten Muster zu identifizieren und analysieren, um übergeordnete Bedeutungszusammenhänge darzustellen« (Biskup et al., 2018, S. 76). Diese wurden dann zu zentralen Themen zusammengefasst, was in einem mehrphasigen Analyseprozess geschieht. Mithilfe der Thematischen Analyse konnten drei zentrale Themen herausgearbeitet werden, die wiederum jeweils noch zwei bis drei Unterthemen beinhalten (siehe Kapitel 5.2).

Die Ergebnisse der Auswertung der Interviews mit Abschieds- und Trauerbegleiter*innen sowie der Auswertung der Interviews mit Trauernden werden in den folgenden beiden Kapiteln vorgestellt.

4 Interviews mit Abschieds- und Trauerbegleiter*innen

In diesem Kapitel erfolgen nun die Vorstellung der Interviewteilnehmer*innen von Studie 1 sowie die Darstellung der Ergebnisse dieser Studie. Dabei liegt der Fokus auf den für dieses Buch relevanten Informationen aus den Interviews. Zunächst werden die Interviewteilnehmer*innen vorgestellt. Der Hauptfokus liegt anschließend auf der Darstellung der herausgefilterten Inhalte zu den verschiedenen Kategorien. Dazu werden die Kategorien inhaltlich vorgestellt und mit Zitaten aus den Interviews belegt.[9]

4.1 Darstellung der Interviewteilnehmer*innen

Für die Vorstellung der Stichprobe werden im Folgenden die befragten Abschieds- und Trauerbegleiter*innen sowie ihre inhaltliche Arbeit beschrieben.

Die Informationen wurden den Interviews entnommen. Innerhalb der nachfolgenden Darstellungen wurden die Personen sowie der Inhalt ihrer Interviews anonymisiert. Eine Ausnahme stellt dabei das Interview mit der vierten befragten Person dar. Diese Person hat die Nennung ihres Namens erbeten. Bei den anderen befragten Personen wurden die Namen durch Pseudonyme (BP1–BP10) ersetzt und personenbezogene Angaben derart verändert, dass sie nicht mehr den konkreten Personen zugeordnet werden können.

Die *erste befragte Person* (BP1) ist ausgebildete Sterbebegleiterin und Koordinatorin eines ambulanten Hospizdienstes. Die Arbeit des ambulanten Hospizdienstes wird von den Krankenkassen finanziert und durch

9 Textpassagen, die für die Betrachtungen der jeweiligen Kategorie nicht von Bedeutung sind, wurden entfernt und mit […] markiert. Der Inhalt der jeweiligen Aussage wurde dabei nicht verändert.

ehrenamtliche Hospiz- und Sterbebegleiter*innen durchgeführt. BP1 ist in diesem Kontext für die Anwerbung, die Schulung sowie die Begleitung der Ehrenamtler*innen zuständig. Zudem führt sie die Erstgespräche mit den zu begleitenden Klient*innen. Anhand dieser Erstgespräche wird herausgearbeitet, was die Klient*innen innerhalb der Sterbebegleitung benötigen. Die*der passende Sterbebegleiter*in wird jeweils entsprechend den Anforderungen und Bedürfnissen der Klient*innen zugeordnet. »So, das ist mein Job. Und, ja, es ist meine Herzensangelegenheit. Dafür zu sorgen, dass die Menschen gut, also würdevoll gut begleitet, palliativ gut begleitet sterben können« (BP1).

Die *zweite und auch die dritte befragte Person* (BP2 und BP3) sind ehrenamtliche Hospiz- und Sterbebegleiter*innen. Beide haben die Ausbildung zu dieser Tätigkeit gemacht und arbeiten ehrenamtlich für unterschiedliche Institutionen. Ihre Tätigkeit gestaltet sich so, dass sie nach der Zuordnung durch ihre*n Koordinator*in eine sterbenskranke Person sowie deren An- und Zugehörige begleiten.

> »Ich besuche Menschen jeden Alters. Also überwiegend sind es krebserkrankte Menschen. Und oftmals ist es auch die Familie, die Unterstützung braucht. Also die erkrankte Person kommt oftmals ganz gut zurecht mit ihrer Krankheit. Aber die Familie braucht noch mehr Unterstützung« (BP2).

In seltenen Fällen begleiten die Hospizbegleiter*innen zwei oder mehr Personen parallel, wenn beispielsweise ein akuter Fall spontan hinzukommt. In der Regel besuchen sie die Personen einmal die Woche. Die Dauer einer solchen Begleitung ist unterschiedlich, da sich zum einen die Krankheits- und Sterbeverläufe unterscheiden und zum anderen die Dienste der Hospizbegleitung zu unterschiedlichen Zeitpunkten des Verlaufs in Anspruch genommen werden. Die jeweilige Begleitung läuft meist bis kurz vor dem Eintreten des Todes. In sehr seltenen Fällen sind die Hospizbegleiter*innen im Moment des Sterbens anwesend. Wie oben bereits beschrieben, gestalten sich die Begleitungen unterschiedlich, je nach Bedürfnislage der zu begleitenden Personen. Darin enthalten ist »erstmal einfach da sein« (BP3) und Gespräche mit den Sterbenden sowie deren Angehörigen zu führen. Zudem berichten die befragten Abschieds- und Trauerbegleiter*innen unter anderem von Biografiearbeit, Hilfe bei der Nahrungsaufnahme, Gestaltung von Ausflügen bis hin zu pflegenden Tätigkeiten. Je nach Kompetenzen und Interessen der Hospiz- und Sterbebegleiter*innen werden zusätzliche Tätigkeiten angeboten. Die Hospizbegleiter*innen nehmen an regelmäßigen Supervisionen teil, um sich unterstützend über Erlebtes auszutauschen und dieses zu reflektieren.

Die *vierte befragte Person* (Claudia Cardinal) ist Sterbeamme und Trauerbegleiterin. Zudem ist sie Ausbilderin in der von ihr gegründeten Sterbeammen-/Sterbegefährten-Akademie, die Menschen für die Begleitung von Sterbenden und in einer Krise befindlichen Menschen ausbildet. Des Weiteren ist sie Autorin von diversen Büchern im Kontext von Sterbe- und Trauerarbeit. Sie versteht ihre Arbeit als Sterbebegleiter*in und Sterbeamme so, dass Menschen in Krisensituationen begleitet werden. »Eine Krise kennzeichnet sich dadurch, dass der Sinn des Lebens infrage gestellt ist. Und das passiert sehr, sehr häufig bei Todesfällen, kann aber auch beim Liebeskummer schon auftreten« (Claudia Cardinal). Das Ziel der Arbeit einer Sterbeamme ist es, durch Gespräche gemeinsam mit den begleiteten Menschen diesen Sinn wiederzufinden bzw. zu erarbeiten und ihnen Werkzeuge an die Hand zu geben, damit sie ihre jeweilige Situation selbstbestimmt gestalten können. Vorrangig arbeitet Claudia Cardinal mit Menschen, die sich aufgrund von (lebensbedrohlichen) Krankheiten mit Sterben, Tod und Trauer auseinandersetzen (müssen).

Die *fünfte befragte Person* (BP5) unterrichtete zunächst lange Zeit in der Ausbildung befindliche Pfleger*innen zu den Themen Trauer- und Sterbephänomene. Sie ist Sterbeamme und Trauerbegleiterin und betreut innerhalb ihrer Praxis Einzelfälle. »Und da kommen ganz oft Familien, die sagen ›Ja eigentlich, unser Sterbender ist gut versorgt. Aber wir nicht.‹ Oder eben Trauernde. Und ganz selten kommt mal auch wirklich eine Sterbende oder Sterbender« (BP5). In ihrer Arbeit mit den Klient*innen werden über die verschiedenen Vorstellungen zum Thema Sterben und den Übergang zum Tod gesprochen und darüber, was die Menschen benötigen, um den Abschied für sich im Guten zu gestalten und im besten Fall Ängste abzubauen:

> »Was hindert jetzt am Sterben? Wo hakt's noch? Wo drückt der Schuh? Und es sind eben doch meistens die Themen von ›Das kann ich mir nicht verzeihen. Oder das kann ich jemand anderem nicht verzeihen.‹ Die dann aufs Tablett kommen und dann kann man gucken ›Wie gehen wir damit um, damit du gut gehen kannst und deinen Frieden hast?‹« (BP5)

Die *sechste befragte Person* (BP6) begleitet als Bestatterin und Trauerbegleiterin Angehörige durch den Bestattungsprozess und Teile des Trauerprozesses. Dazu gehören die Beratung der Angehörigen, die Durchführung von Überführungen[10], Totenversorgungen[11], die Aufbahrung der Verstorbenen zur Abschiednahme, die Gestaltung von Trauerkarten sowie die Gestaltung und Durchführung der Trauerfeier und schließlich die Beisetzung. BP6 kam als Quereinsteigerin in den Beruf als Bestatterin in einem sogenannten alternativen Bestattungsinstitut. Sie beschreibt die Arbeitsweise unter anderem folgendermaßen: »Nämlich so zu arbeiten, […] mit mehr Transparenz, mehr Zeit, mit vielen Informationen, sodass sich Menschen entscheiden können, was sie tun wollen eben in dieser Zeit des Abschiedes« (BP6).

Die *siebte befragte Person* (BP7) arbeitet in einer Institution, die sich mit Trauerarbeit beschäftigt. Sie ist ausgebildete Trauerbegleiterin und begleitet trauernde Erwachsene in Trauergesprächsgruppen und Einzelgesprächen. Innerhalb dieser Gespräche wird es den Trauernden ermöglicht, sich über das eigene Erleben und Gefühle mit anderen Trauernden auszutauschen. »Wir können ein Geländer sein und aufpassen, dass wir […] sie gut im Blick haben, aber gehen müssen sie alleine. Und zu merken, dass sie nach einer gewissen Zeit auch wieder eigene Perspektiven haben. Nicht alle. Aber die meisten schon« (BP7).

Die *achte, neunte und zehnte befragte Person* (BP8, BP9 und BP10) arbeiten als Mitarbeiter*innen in einer Beratungsstelle. Klient*innen suchen Beratungsstellen auf, um in Einzelgesprächen von einer Fachkraft rund um die Themen Abschied und Trauer beraten und informiert zu werden. Die interviewten Personen BP8, BP9 und BP10 sind ausgebildete Sterbe- und Trauerbegleiter*innen und bieten Einzelgespräche an. Diese Angebote für Einzelgespräche richten sich an Menschen, die mit einer todbringenden Krankheit leben, an pflegende und betreuende Angehörige sowie an Hinterbliebene, also trauernde Angehörige. Die Begleitung gestaltet sich unterschiedlich. So gibt es einmalige Gespräche, mehrmalige Gespräche oder auch längerfristige Begleitungen. Aufgrund des Erstarkens der

10 Als Überführungen werden die Transporte von Verstorbenen bezeichnet, beispielsweise vom Ort des Sterbens oder aus Krankenhäusern/Pathologien in einen Kühlraum, zum Krematorium oder zum Friedhof (vgl. Neuser & Wirthmann, 2019, S. 276f.).

11 Totenversorgung, auch hygienische Totenversorgung genannt, bezeichnet den Prozess des Waschens, Ankleidens und Herrichtens des Körpers einer verstorbenen Person, um diese für beispielsweise eine Aufbahrung, also die Abschiednahme am offenen Sarg, und die endgültige Beisetzung vorzubereiten. Dies geschieht im Sinne einer ästhetischen und würdigen Umsetzung (vgl. ebd., S. 437f.).

Hospiz- und Palliativarbeit haben die Begleiter*innen seltener mit sterbenden Menschen zu tun. Zudem bieten sie Fachberatungen sowie Schulungen für unterschiedliche Berufsgruppen an, für die die Begleiter*innen auch in externe Einrichtungen gehen. Für Beratungsgespräche kommen die Klient*innen in die Beratungsstelle.

> »Und das ist so ein Ort, ein gehaltener Raum umrahmt, wo ich mich über meine Situation austauschen kann, eigentlich über alles reden kann und darf, was mich bewegt, was mir schwerfällt, was mich bedrückt, was schwer ist im Leben. Weil unsere Erfahrung ist, es gibt wenig Orte, für die meisten Trauernden würde ich sagen, wo sie frei über ihre Trauer sprechen können. Egal, welchen Lebensbereich es betrifft. Und hier darf das sein« (BP10).

4.2 Ergebnisdarstellung

Der Interviewleitfaden (siehe Anhang) setzte sich aus acht verschiedenen Themenblöcken bzw. Untersuchungskategorien zusammen, die in der folgenden Auswertung auf fünf Kategorien reduziert wurden, die mit Blick auf das Forschungsinteresse eine besondere Relevanz haben. Die Kategorien, die nachfolgend inhaltlich vorgestellt und mit ausgewählten Zitaten aus den Interviews belegt werden, lauten: (1) »Intimität, Körperlichkeit, Sexualität«, (2) »Körper«, (3) »Be-Greifen«, (4) »Berührungspunkte« und (5) »Normen und Moral«.

4.2.1 Intimität, Körperlichkeit, Sexualität

Um das persönliche Verständnis der Abschieds- und Trauerbegleiter*innen in Bezug auf die Begrifflichkeiten *Intimität, Körperlichkeit und Sexualität* zu erkunden, wurden die Befragten gebeten, ihr Verständnis davon zu erläutern.

Erkennbar ist, dass die interviewten Personen unter den genannten Begrifflichkeiten Unterschiedliches verstehen. BP2, BP3 und BP6 grenzen die Begriffe voneinander ab.

> »Sexualität wäre für mich halt […] sexuelle Handlungen […]. Körperlichkeit […], das ist dann schon ein breiterer Bereich. Das ist der Kontakt, das Berühren. Und Intimität, das fand ich ganz beeindruckend bei meinen

> Eltern. Mein Vater [...] Stück für Stück verschwand er vom Leben. Aber es gab immer noch Momente von Zärtlichkeiten [...] er war stark in sich zurückgezogen und im Grunde genommen damit beschäftigt, was der Körper ihm alles so zu tun gibt. Und dennoch war es halt eben so, dass es [...] diese Momente gab und wo dann von ihm ein Streicheln meiner Mutter auftrat. Das wäre für mich halt Körperlichkeit. Aber halt eben auch Intimität, wo man so merkte, Ja, sie sind auf einer Welle« (BP3).

BP1 trennt hingegen die Begriffe nicht voneinander, da die Begrifflichkeiten für sie eine Einheit bilden:

> »Das ist alles eins. [...] Ich glaube, ich könnte nicht jedes Einzelne für sich definieren. Also Körperlichkeit ist Umarmen. [...] Und das ist für mich schon ein Stück Sexualität. Und ob das nun eine Freundin ist oder ein Freund oder [...] mein Ehemann« (BP1).

Claudia Cardinal unterscheidet die Begrifflichkeiten ebenfalls voneinander, bringt aber zudem verschiedene Ebenen mit hinein, beispielsweise den Kontakt mit sich selbst und das eigene Erleben von Körperlichkeit und Intimität. Sie hat ein weit gefasstes Verständnis von Sexualität und der sexuellen Erfahrungsebene im Kontakt mit anderen Menschen. Aber auch mit Blick auf einen sinnlichen Genuss, der sich nicht nur auf Menschen, sondern auch auf weitergefasste Phänomene bezieht. Zudem unterscheidet sie zwischen männlichem und weiblichem Erleben:

> »Ich würde mal sagen eine Körperlichkeit, [...] das bringt es schon mit sich, wenn man mal barfuß läuft, anständig duscht und dieses so ganz und gar im Körper drin sein. [...] Und Intimität ist etwas, was ich sozusagen nicht nach außen zeige. Was ich nicht nach außen zeigen möchte, weil das für mich in meinen Privatsphärenbereich reinkommt. Und Sexualität fasse ich sehr weit. Ich glaube, alles das, was für mich als Frau, alles das, was einen sinnlichen Genuss verschafft, könnte man im weitesten Sinne dazu nehmen. Vielleicht sogar das Schmelzen von einem Stück Schokolade, könnte eigentlich in die Richtung auch schon gehen. Ein körperlicher Genuss« (Claudia Cardinal).

BP5 fügt ihrer Definition der Begrifflichkeiten bestimmte Attribute, wie Vertrauen, Offenheit, Mut und Nähe hinzu, die zum Gelingen verhelfen können. Es wird deutlich, dass sie ebenfalls ein weites Verständnis der Begriffe hat:

> »Es gibt auch Sexualität, wo ich sage, die läuft ohne jeden Kontakt. Die gibt es eben auch. Und ich will das jetzt nicht abwerten, weil viele von uns kennen vielleicht gar nichts anderes. Wir sind in einer Kultur, in der es heißt, wir hätten eine Befreiung erlebt, aber ich sehe das nicht so. Das, was ich eine erfüllende Sexualität nenne, braucht mehr als das, was wir gelernt haben. [...] Und der Körper ist natürlich ein wunderbares Instrumentarium. [...] Wir sind garantiert Wesen, die Berührung brauchen, um gesund zu sein« (BP5).

BP7 bringt die Begrifflichkeiten in eine systematische Ordnung, wobei Sexualität der »Oberbegriff« ist und Körperlichkeit als Grundlage dient:

> »Sexualität wär für mich mehr der Oberbegriff, wo all das andere mit reinspielt. An Intimität und auch an Körperlichkeit. Sexualität würde für mich nicht nur Sex im engeren Sinne, also sprich sehr enge Körperkontakte beinhalten, sondern Sexualität ist zwischenmenschliche Nähe. [...] Also Körperlichkeit ist ja die Basis für Sexualität für mich. [...] Für mich ist Sexualität auch positiv behaftet. [...] Und da hängt alles zusammen, was an Körperlichkeit, an Nähe, an Austausch, an Miteinander möglich ist und da sein darf« (BP7).

BP8 setzt die Begriffe unter die Überschrift von Sinnlichkeit und bezieht die Körperlichkeit auf die Ebene des Individuums, wohingegen Intimität zwischen zwei Menschen geschieht:

> »Körperlichkeit [...] würde ich sagen, ist alles was Sinnliches. Berühren können, hören können, nochmal anschauen können, riechen können, (...) Stimme, also alles von diesem wunderbaren und leitbringenden Körper, erst einmal diese Dimension von Sinnlichkeit, sinnlicher Austausch im sinnlichen Bereich. [...] Kann man auch mit sich selber intim sein? Weiß ich gar nicht. Spontan würde ich sagen, ist Intimität etwas, was sich zwischen dem Raum zwischen zwei Körpern abspielt. Aber ich würde erst mal sagen, so ist diese Körperlichkeit plus [...] Seele, Bewusstsein [...] in Schwingung versetzt zwischen Zweien. [...] Was ist denn Sexualität? [...] Also natürlich denke ich als Erstes an Miteinander-Schlafen, an Erotik, an alles das, was zwischen zwei Menschen (...)« (BP8).

BP9 konzeptualisiert die Begrifflichkeiten in der eigenen Arbeit:

> »Also Körperlichkeit fällt mir ein [...], dass der Körper häufig in der Trauer auch so ein Transporteur ist für bestimmte Zustände. Also der Körper trans-

> portiert Stimmungen, Betroffenheit, Gefühle. Und der steht öfter auch den Menschen, die zu uns kommen, im Weg. Weil der macht was anderes. Also der Körper tut zum Beispiel weh, und es ist nicht nachzuvollziehen, warum der jetzt wehtut. [...] was mit Trauer zu tun haben könnte, das ist nicht immer so einfach das sozusagen in Verbindung zu bringen. [...] Bis hin ›Ist das denn normal, dass mir das jetzt so geht?‹ [...] Und Sexualität ist meinem Empfinden nach, oder meinen Erfahrungen nach, das hat in der Trauer überhaupt nix zu suchen. Weil da ist das völlig tabu. Obwohl es ein Thema ist. Aber da spricht man nicht drüber« (BP9).

BP10 fasst die Abgrenzung der Begriffe kurz: »Sind ja sehr unterschiedliche Bereiche erst mal, was mehr oder minder dennoch einander berührt und zusammenhängt« (BP10).

4.2.2 Körper

Diese Kategorie bezieht sich auf die Rolle und den Stellenwert des Körpers im Abschieds- und Trauerprozess. Um Körperlichkeit, Intimität und Sexualität zu erleben, wird (meistens zumindest) der Körper als Medium benötigt, also als vermittelndes Element zwischen beispielsweise zwei Menschen. Dazu wurden Aussagen herausgefiltert, die den Umgang mit Körper(n) in der jeweiligen Arbeit darstellen und die Bedeutung des Körpers von Abschiednehmenden, Sterbenden, Verstorbenen, Hinterbliebenen und Trauernden in der Arbeit deutlich machen.

In der Arbeit als Sterbebegleiterin und Koordinatorin von ehrenamtlichen Sterbebegleiter*innen berichtet BP1, dass der Körper zwei Bedeutungen einnimmt. Einerseits ist der Körper eines*einer Sterbenden ein erkennbar verfallender Körper, der die Endlichkeit sozusagen sichtbar macht. Das heißt, die Angehörigen haben nur einen bestimmten, wenn auch oft ungewissen Zeitraum mit diesem sterbenden Körper. Und andererseits beschreibt sie den Körper als Möglichkeit, Kontakt zu den Menschen aufzubauen, mit denen die Sterbebegleiter*innen arbeiten. Dabei betont sie die Herangehensweise, den Klient*innen dies anzubieten, ohne den Kontakt aufzudrängen und ohne sich im sexualisierten Bereich zu bewegen:

> »Einmal als der Körper, der zerfällt. [...] Und das Sichtbare, das Körperliche verfällt, so [...] dass ich das sehen kann. [...] Und das andere, die Körper-

> lichkeit. Wir sind ganz viel in Kontakt mit den Menschen. Wir fassen ganz viel an. [...] wir sind die Menschen der offenen Hand. Aber wir schieben die Hand unter. Also andere kommen und machen fest oben auf und legen die Hand drauf und dann kann dieser Mensch ja nicht mehr weg. [...] Wir bieten an, anzufassen, wenn gewollt wird. Und dann schieben wir die Hand unter und manchmal ist es wirklich nur der kleine Finger, den wir so hinlegen. Und wenn dieser kleine Finger berührt wird, dann wissen wir, ja, wir dürfen, und dann können wir weitermachen« (BP1).

Für BP2 sind in der Sterbebegleitung »Körper und Geist [...] und Seele [...] eine Einheit« (BP2). Für BP3, ebenfalls ambulanter Hospizbegleiter, nimmt der Körper in seiner Arbeit an sich keinen besonderen Stellenwert ein. Ausschließlich in der Begleitung eines Paares spielt der Körper eine besondere Rolle, und zwar als ein Körper eines Sterbenden, der gepflegt werden muss und berührt werden will:

> »Also im Grunde genommen in allen anderen Fällen gar keinen. Aber in dem Fall war es natürlich so, dass ich da auch körperlich am Körper gearbeitet hab, wie ich, wie ich es ja beschrieben hab, ne?! [...] [Er] war geistig noch fit. Aber halt der Körper halbseitig gelähmt und von daher, ja, mit einer Hand konnte er noch was machen. Aber halt, er war beständig auf Hilfe angewiesen. Und ja, Berührung auch. Das hat er sehr genossen, wenn ich mich halt aufs Sofa gesessen hab und ihn in den Arm genommen hab« (BP3).

Für Claudia Cardinal ist der Körper als solcher zunächst nicht so wichtig wie beispielsweise die Seele. Es wird deutlich, dass sie den Körper bzw. die Materie zunächst nur als Hülle für die Seele betrachtet: »Eigentlich ist der mir nicht so wichtig wie die Seele. [...] Ich sage, der Geist hat die Prämisse, nicht der Körper. Und gleichzeitig stehe ich manchmal staunend faszinierend vor der Materie selber« (Claudia Cardinal). Dabei beschreibt sie den Körper als wichtiges Instrumentarium, um in Kontakt treten zu können, und wenn »ich die Materie erfahren will, dann brauche ich den Körper« (Claudia Cardinal).

Als feines Sensorium und Instrumentarium beschreibt auch BP5 den Körper und schreibt ihm zudem eine große Bedeutung zu. Denn der Einbezug von Körpern kann häufig mehr an Gefühlen und Empfindungen auslösen, als gesprochene Worte es können:

> »Einfach weil ich viel über den Körper wahrnehme und viel über den Körper sehe von meinem Gegenüber. Das ist ja verkörperte Lebensgeschichte. Also das heißt nicht, dass ich es thematisiere, aber ich nehme viel wahr über den Körper. Ich mag gerne auch Menschen berühren, in Kontakt sein. Gerade auch bei Trauernden. [...] Aber eigentlich berühr ich gern, um zu signalisieren ›Pass auf. Du bist nicht allein.‹ Weil das ist eigentlich das Dramatische, was ausgelöst wird, wenn jemand geht. Da dieses ›Du bist nicht allein‹. Und das über ne Berührung viel, das sagt tausendmal mehr als wenn ich, wenn ich das ausspreche. Wenn's der Körper fühlt, das ist's eine andere Nummer« (BP5).

Für BP7 als Trauerbegleiterin, die den Menschen in Einzel- oder Gruppengesprächen begegnet, nimmt der Körper ebenfalls zunächst eine untergeordnete Rolle ein. Sie betont, dass sie in ihrer Arbeit keine Körperarbeit anbietet. Allerdings bemerkt sie einen Wandel des Stellenwerts vom Körper im Verlauf der Treffen. Das heißt, der Körper und die nonverbale Kommunikation nehmen von Gespräch zu Gespräch mehr Bedeutung ein, da der Körper als Transporteur von Gefühlen und psychosomatischen[12] Abläufen dient, wahrgenommen und bearbeitet werden kann.

Während der Körper in der Arbeit vieler der Befragten größtenteils eine eher nebensächliche Rolle spielt, da sie mit den Menschen mehr über die gesprochene Sprache in Kontakt treten, nimmt der Körper in der Arbeit von BP6 als Bestatterin und Trauerbegleiterin einen zentralen Stellenwert ein. Denn mit dem Körper der Verstorbenen wird im Laufe des Bestattungsprozesses konkret gearbeitet. Durch den Tod eines Menschen verlässt das Leben den Körper und hinterlässt die Hülle, die aber für die Hinterbliebenen weiterhin von Bedeutung sein kann. Bei gemeinsamen Totenversorgungen, Aufbahrungen und Beerdigungen kann der Körper im Abschieds- und Trauerprozess damit eine wichtige Rolle einnehmen. Den Hinterbliebenen wird somit begreiflich, dass der Mensch tot und sein Bewusstsein unwiederbringlich abwesend ist. Diesen Körper können sie nun die letzten Male sehen, anfassen und darüber ins Verarbeiten gelangen:

> »Der Körper der Verstorbenen gehört sehr eng zum Abschiednehmen mit dazu aus meiner Erfahrung heraus. So, dass die Angehörigen auch diese Kör-

12 Psychosomatisch bedeutet, dass psychische Beschwerden körperliche Symptome erzeugen können.

perlichkeit wahrnehmen können […]. Aber auch im Sehen. Also jemanden einfach liegen zu sehen. […] Dass, das was so schwierig ist, wenn man jemanden tot daliegen sieht, ist die, das hat ein Schriftsteller so beschrieben ›Das ist das Wahrnehmen der Anwesenheit der Abwesenheit.‹ […] Und oft werden die Verstorbenen so beschrieben, als würden sie schlafen. Aber sie sind tot, sie atmen nicht mehr, und es ist keine Regung mehr da« (BP6).

Trauer kann Schmerzen und Symptome im Körper auslösen. Sehnsucht und Verlust können sich im Körper der Hinterbliebenen und Trauernden ausdrücken. Diese über den Körper abzulesen und anzusprechen, wird als Aufgabe für zum Beispiel Trauerbegleiter*innen beschrieben. Zudem kommen Erinnerungen an den Körper und die Sehnsucht nach Körperlichkeit mit der verstorbenen Person hinzu:

»Trauer ist auch etwas sehr Leibhaftes. Es drückt sich auch im Körper aus. […] Und der trauernde Mensch ist natürlich immer auch irgendwie mit seinem Körper oder muss sich mit den körperlichen Empfindungen befassen. Das, was ich fühle, das schlägt sich im Körper nieder. Oder was ich denke manchmal auch. Und vor allen Dingen, dass die Gefühle, die so stark sind in Trauer, diese Sehnsucht und Erinnerungen haben ja auch Spuren in dem Körper hinterlassen. Und das sind manchmal auch Gesprächsthemen. ›Wo spüre ich den Trauerschmerz gerade? Womit hängt das zusammen? Weil, das war so eine schöne Berührung, und niemand, niemand kann mich so anfassen und nie wieder. (…) Und das fehlt mir, weil das hat mir so gutgetan. Das hat mich immer total beruhigt. Und dann war ich irgendwie wieder bei mir. Und ich krieg das selber nicht hin. Ich weiß noch nicht, wie das gehen soll.‹« (BP10)

So ist auch für BP8, BP9 und BP10 der Körper ein Medium und Transporteur von Bedürfnissen, Gefühlen und weiteren Aspekten. Der Körper bringt somit wichtige, auch schmerzhafte und leidvolle Faktoren in die Arbeit hinein, auf die die Berater*innen eingehen können. Somit können sie den Menschen auch auf der körperlichen Ebene helfen. Allerdings werden sie nicht konkret körperlich tätig, sondern nutzen die gesprochene Sprache, um dem Körper Raum und Aufmerksamkeit zu geben:

»Der Körper erzählt ganz viel. […] Über Emotionen, über Verzweiflung, über Unruhe, Unsicherheit, die ganze große Palette von unterschiedlichen

Empfindungen und Gedanken manchmal auch. Und es ist gut, den Körper im Gespräch auch vor mir zu haben, weil er eine eigene Sprache hat. Und Telefonieren ist was anderes. Da muss man sehr genau hinhören. […] Nur wenn ich im Gespräch bin mit jemandem, also ein Gegenüber habe, dann habe ich viel mehr Informationen. Die man manchmal auch nicht so in Worte fassen kann. Und muss man auch gar nicht« (BP10).

Der Körper und die Körperlichkeit der Verstorbenen nehmen einen wichtigen Stellenwert für die Hinterbliebenen ein. Sie versuchen die Körperlichkeit der Verstorbenen in unterschiedlicher Weise zu konservieren, so berichtet BP8, beispielsweise in Form von Videoaufzeichnungen, durch die Stimme auf dem Anrufbeantworter oder den Geruch in Kopfkissen und Kleidung. Zusätzlich wird beschrieben, dass die Aufmerksamkeit der Trauernden für den eigenen Körper in Zeiten der Trauer oftmals zurücktritt. Dies macht beispielsweise BP9 deutlich. Im Kontext der Beratung wird dann versucht den Körper des*der Klient*in in den Blick zu nehmen, um wieder im Hier und Jetzt anzukommen:

> »weil viele tatsächlich ihren Körper über diesen Schmerz auch vergessen. Viele essen nicht, viele trinken nicht oder trinken zu viel Alkohol oder essen zu viel Chips oder die ganze Palette. […] Und diese Aufmerksamkeit für den Körper findet halt eben oft nicht statt, sondern es sind andere Emotionen, andere Beweggründe, andere Süchte, die plötzlich da sind, die völlig unkontrolliert dann noch gelebt werden. Und dann so eine Einladung auch auszusprechen, zu gucken ›Guck mal. Wo spürst du dich gerade? Wie nimmst du dich wahr? […] Und gibt es irgendwelche Punkte, die besonders intensiv sind?‹ Deshalb finde ich ist das schon (…) also ich arbeite ja relativ viel, mit solchen Einladungen zu gucken ›Wie geht's mir gerade?‹« (BP9)

4.2.3 Be-Greifen

Innerhalb dieser Kategorie wird das Verstehen von Sterben, Tod und Trauer näher betrachtet. Dabei handelt es sich meist um Ansätze zum Verstehen. Ebenso geht es um Aspekte, die den Sterbenden und Hinterbliebenen nützlich sein können, um das Sterben und den Tod besser begreifen zu können.

Das (eigene) Sterben begreifen

Mit Blick auf sterbende Menschen erläutert BP1, dass das Begreifen ein Teil des biochemischen Sterbeprozesses ist. Sterbende haben somit begriffen, dass sie sterben werden – auch wenn das Wahrhaben-Wollen oftmals schwerer fällt. Sie unterscheidet dabei zwischen gutem und schwerem Sterben. Die Ermöglichung des guten Sterbens steht im Mittelpunkt ihrer Arbeit. Es wird versucht, offen über das Sterben zu reden und somit das Begreifen in der Trauer zu erleichtern:

> »Ich glaube, wenn man von einem guten Sterben reden kann, ist das, wenn beide Seiten darüber offen reden und das entsprechend ritualisieren, Leben pflegen. [...] Und ich glaube, dann ist das Trauern hinterher leichter. [...] die können zärtlich Abschied nehmen. Die haben das die ganze Zeit, miteinander getragen, [...]. Und die können, ganz anders dem Menschen auch die Hände irgendwie nochmal nehmen, ihn anfassen, küssen, sich neben ihnen legen, hab ich schon erlebt. Die brauchen das nicht mehr so be-greifen, weil die das ja die ganze Zeit gelebt haben. [...] Und die anderen müssen es begreifen, aber eher im Sinne von festhalten. [...] Also ich versuche ganz oft zu vermitteln. ›Möchten Sie noch was sagen? Gibt's noch irgendwas, wo Sie denken, das wäre noch mal ein Thema zwischen Ihnen beiden oder so.‹ [...] Und wieder, wir sind keine Therapeuten, und ich hab keinen Auftrag, die beiden da zusammenzubringen. Wir versuchen es, und manchmal gelingt es und dann ist das fantastisch. Und dann sind sie hinterher auch alle dankbar, weil die Trauer einfach leichter ist« (BP1).

Weitere Aspekte, die beim Begreifen helfen, sind laut BP1 Zeit und Aufklärung: den Angehörigen zu vermitteln, dass sie sich Zeit lassen dürfen im Abschiednehmen, um dem Begreifen Raum und Zeit zu geben. Es ist eine Aufgabe der Sterbebegleiter*innen den Menschen zur Seite zu stehen und ihnen zu vermitteln, welche Möglichkeiten sie haben. Es soll sichergestellt sein, dass der Abschiedsprozess so gestaltet wird, wie die Personen es für sich benötigen. Auch BP2 sieht sich in ihrer Arbeit als Sterbebegleiterin in der Rolle einer Vermittlerin, die den Angehörigen Hilfe vermittelt und somit die Grenzen der eigenen Profession nicht überschreitet. Mit Blick auf das Begreifen des Sterbeprozesses kann es aus ihrer Perspektive hilfreich sein, einem Glauben anzugehören oder anhand der Natur die Vergänglichkeit des Lebens zu sehen.

Aus der Perspektive von BP3 nimmt die gedankliche und intellektuelle Auseinandersetzung mit dem Sterben eines nahestehenden Menschen eine wichtige Bedeutung ein, wenn es um das Begreifen dessen geht. Das Begreifen fällt schwerer, wenn die Angehörigen nicht loslassen können:

> »Ja, also der Kopf hat [ihm] da tatsächlich geholfen, das nüchtern zu betrachten. Und ich denke, die alle anderen, die ich gesehen habe, wollen es nicht wissen. Die wollen es erst (...) im Grunde genommen, der muss schon tot sein und dann fängt es so langsam an durchzurippeln. [...] Manchmal hab ich auch das Gefühl ... es klingt vielleicht idiotisch (...) aber dass die Pflegenden den Sterbenden am Leben erhalten. Um jeden Preis. Und nicht gehen lassen können. [...] die Situation herstellen zu können, im Gespräch oder durch Intimität zu zeigen, ›Es ist Zeit zu gehen und lässt du mich gehen?‹« (BP3)

BP5 sieht den Aspekt des Loslassens aus einem anderen Blickwinkel. So können aus ihrer Perspektive Hinterbliebene Sterbende nicht festhalten und somit am Sterben hindern. Vielmehr sei es dann so, dass die Sterbenden noch nicht final mit ihrem Leben abgeschlossen haben. Das eigene Sterben zu begreifen, findet laut BP5 über das Erleben des Nachlassens der körperlichen Fähigkeiten statt. Und so kann auch der Ortswechsel beispielsweise in ein Hospiz oder ein Vorsorgegespräch in einem Bestattungsinstitut das eigene Sterben bewusst(er) machen. Dafür benötigt es aber eine gewisse Form von Bewusstsein, um entsprechende Momente bewusst zu erleben und das Dahinterliegende zu realisieren. Zudem helfe es darüber zu reden. Und gleichzeitig nennt sie auch den Prozess des Verdrängens als Möglichkeit der Resilienz.

Möglichkeiten im Abschied

Um den Prozess des Begreifens zu unterstützen, helfe es die körperliche Nähe zu den Verstorbenen zu suchen. BP5 legt es am Beispiel von Personen dar, die sich neben den*die verstorbene*n Partner*in ins Bett legen. Das Berühren der Verstorbenen, sie zu waschen und noch einmal anzusehen (z. B. bei einer Aufbahrung) können ebenfalls hilfreich sein.

Mit Blick auf die Angehörigen stellt auch für Claudia Cardinal die Aufbahrung eine wichtige Möglichkeit des Begreifens dar:

> »Das eine ist, dass ich eine absolute Befürworterin von Aufbahrungen bin. Das hat nicht nur für die Lebenden ne Bedeutung, sondern auch für die Verstorbenen. Nämlich, dass sie ihren Weg gut finden. So, das macht das ein Stückchen begreifbarer. Und ich sage dazu auch und da kommt natürlich unheimlich viel hinterher, dass ich sage ›Weißt du was, nur tot sein reicht nicht, um nicht mehr Mutter zu sein.‹ Ja?! Das bleibt doch als Tatsache bestehen« (Claudia Cardinal).

Die Bedeutung des Mitgestaltens und Tätigwerdens im Bestattungs- und Trauerprozess sowie das Begreifen auf verschiedenen sinnlichen Ebenen wird auch von BP6 betont. Als Bestatterin hat sie konkrete Einblicke in diese Erfahrungsräume von Angehörigen, insbesondere dadurch dass Bestatter*innen oftmals zu den ersten Personen gehören, mit denen Angehörige nach dem Versterben in Kontakt treten. Durch Angebote wie die gemeinsame Totenversorgung, bei der die Angehörigen gemeinsam mit der*dem Bestatter*in die*den Verstorbene*n waschen und ankleiden, sowie die Aufbahrung wird den Angehörigen begreiflich, was es heißt, dass der Mensch gestorben ist – dadurch, dass die verschiedenen Sinne der Hinterbliebenen angesprochen werden und den Tod begreiflich machen. Sie betont aber auch, dass diese Möglichkeiten nicht von allen Angehörigen genutzt werden. Zudem sieht sie ihre Rolle als Vermittlerin, um den Hinterbliebenen bestehende Berührungsängste durch Informationen, Erläuterungen und Heranführung zu nehmen:

> »Oder indem ich vielleicht die Erste bin, die ihre Hand auf die Hand des Verstorbenen legt und sagt ›Ja, können Sie auch gerne mal. Ist ganz kalt.‹ Oder auch ich hab […] für die Angehörigen auch immer beschrieben, was ich wahrnehme« (BP6).

Und so bleibt auch die kognitive und verbale Ebene bedeutsam, um eine Realisierung des Ganzen zu erreichen:

> »Aber ich glaube, der Besuch beim Bestattungsinstitut ist der erste, einer der ersten Schritte zur Realisierung. Ins Gespräch zu gehen. Es ist eigentlich erst mal, finde ich ein kognitives Annähern, übers Sprechen, und Sprechen schafft ja auch eine Realität. […] Und die nächste Ebene, die dann folgt, ist eine sinnliche. Dann die körperliche Ebene, die dann folgt, also indem ich meinen Körper tatsächlich in Bewegung setze oder auch wahrnehme, wie

> sich eine Haltung vielleicht verändert [...] Oder einfach nur wiederspiegle, was ich wahrnehme und vielleicht auch helfe zu sensibilisieren für eine Körperlichkeit, die die Angehörigen dann in den Abschiedsprozess bringt, mit dem Körper der Verstorbenen« (BP6).

Auch BP7 berichtet aus ihrer Tätigkeit als Trauerbegleiterin, dass es den Angehörigen hilft, den*die Verstorbene*n noch einmal zu sehen, zu waschen, anzukleiden und die Trauerfeier mitzugestalten. Sie beschreibt Berührungsängste und die Sorge vor unvergesslichen, schlimmen Bildern. Um dem sensibel zu begegnen, Berührungsängste abzubauen und eine Heranführung zu ermöglichen, bedarf es Zeit für sämtliche Entscheidungen, einer guten Begleitung und Aufklärung. Nachteilig könne es sein, wenn Bestatter*innen grundsätzlich von Aufbahrungen und dem körperlichen Abschiednehmen abraten. Sofern Angehörige Abschied von Verstorbenen nehmen wollen, kann durch das Betrachten und Anfassen einer verstorbenen Person im Verstand der Hinterbliebenen die Realisierung dieses Todes stattfinden – so unbegreiflich das Versterben auch bleiben mag. Diese Momente des Noch-einmal-Ansehens, des Noch-einmal-Berührens und des Verabschiedens vom Verstorbenen sind nicht wiederholbar und spätestens ab der Feuer- oder Erdbestattung unwiederbringlich. Umso bedeutsamer ist es, sich von einem Körper zu verabschieden, der einem durch das gemeinsame Leben sehr vertraut ist:

> »Den Tod begreifen kann man sowieso kaum, weil er einfach nicht greifbar ist. Aber (...) das ist eine Möglichkeit den Tod überhaupt zu realisieren, weil (...) der Gedanke so irrwitzig ist, dass er gar nicht in den Kopf passen will. Und ins Herz schon gar nicht. (...) Aber es wird dadurch meistens deutlich realer. [...] und wenn man natürlich dann auch noch dabei sein kann beim Waschen oder Ankleiden. Das ist ja heute zum Glück häufiger der Fall, zwar nicht bei allen Bestattern, aber es wird ja schon mehr, dass man auch einbezogen wird, wenn der oder die Tote fertig gemacht wird. Und auch die Trauerfeier deutlich mehr mitgestalten kann, als das früher der Fall war. (...) Und auch, dass möglichst alle dabei sein können, die das wollen. [...] aber im Regelfall auch, dass Kinder, dass alle mit dabei sein dürfen. Und [...] Fragen stellen dürfen« (BP7).

Mit Blick auf verstorbene Kinder und Babys erwähnt BP7 die für das Begreifen hilfreiche Option, das eigene Kind noch einmal zu Hause aufzubahren. Sie beschreibt einen Wandel der letzten Jahre. Menschen werden zunehmend darüber aufgeklärt, dass sie diese Möglichkeit haben.

Die Berater*innen im Kontext von Sterben, Tod und Trauer beschreiben die Möglichkeiten des Begreifens unterschiedlich. So hilft es laut BP10 einen Ort anzubieten, an dem über alles gesprochen werden kann und sämtliche Gefühle geäußert werden dürfen, ohne dass die Betroffenen dafür verurteilt werden – und somit der Trauer und den damit verbundenen Schmerzen Raum zu geben und den Prozess zuzulassen. Ebenso wie einige andere der Befragten betont auch BP9 das Anfassen und Betrachten der Verstorbenen als bedeutsam für das Verständnis, dass der Mensch nun nicht mehr lebendig ist. BP8 fasst diesen Prozess des Begreifens etwas weiter. Einerseits gibt es das körperliche Begreifen des Sterbens durch Anfassen und Sehen. Andererseits bleibt der Tod ein »Mysterium«, das unbegreiflich bleibt. BP8 betont, dass es eher um ein Spannungsverhältnis geht, innerhalb dessen der Mensch im Laufe des Trauerprozesses den Verstorbenen gedanklich neuformiert und als verstorbenen Menschen gedanklich integriert:

> »Man kann es auf der körperlichen Ebene irgendwie begreifen, ja tot. Bewegt sich nicht mehr. Atmet nicht mehr. Kalt. Aber das eigentliche Spannungsverhältnis ist ja, ich sehe ihn oder sie da tot liegen und in mir ist sie aber lebendig. Also meine innere Konstruktion von Welt widerspricht total dem, was ich da außen sehe. Und der Verstand kann es nicht richten. [...] ist das eigentlich ein Begreifen, oder ist das ein im Prozess, ein Verkleinern dieses Spannungsfeldes? [...] Dass es vielleicht auch ein Stück Mysterium bleiben darf« (BP8).

4.2.4 Berührungspunkte

Diese Kategorie beschäftigt sich mit den Berührungspunkten der Abschieds- und Trauerbegleiter*innen zu konkreten Arbeitserfahrungen mit Blick auf die Themen Körperlichkeit, Intimität und Sexualität. Dabei ist es insbesondere interessant, welche Erfahrungswerte die Personen in ihrem beruflichen Alltag gesammelt haben. Diese Erfahrungen wurden beispielsweise in Form von Erinnerungen an bestimmte Situationen, Kontakte oder Gespräche mit Klient*innen geäußert. Auch gegenüber den Abschieds- und Trauerbegleiter*innen konkret ausgesprochene Bedürfnisse von Abschiednehmenden und Trauernden sind hier von Interesse; ebenso welchen professionellen Umgang sie mit diesen Themen beschreiben.

BP1 beschreibt, dass der körperliche Kontakt von den Klient*innen oft gewollt ist und gesucht wird. Die Spannbreite dieser Körperlichkeit ist dabei groß, hängt von den Bedürfnissen und Möglichkeiten der Klient*innen ab und geht vom kleinen Finger über das Händehalten bis hin zur Umarmung. Ihr ist es wichtig dabei zu betonen, dass die Hospizbegleiter*innen in der Aus- und Weiterbildung darauf hingewiesen werden, die eigenen Grenzen und die Grenzen der Begleitungen zu wahren. Der körperliche Kontakt wird laut BP1von den Klient*innen gesucht, um sich (auf diesem letzten Weg) nicht allein zu fühlen und um ins Spüren des eigenen Seins zu gelangen. Dies setzt sie allerdings in Kontrast zum konkreten Moment des Sterbens. Dieser Moment sei so intim, dass viele Sterbende im Moment des Alleinseins sterben:

> »Und alle greifen irgendwie zu, und jeder will angefasst werden. [...] Um sich zu spüren. Also um sich selber noch zu spüren. Rund um das Gefühl zu sagen, ›Ich bin nicht allein.‹ [...] Deswegen gehen wir ja auch dahin. Und das sagen wir auch den Angehörigen. Wenn es so, ah nee, wollen wir nicht, brauchen wir nicht. [...] Im letzten Moment wollen viele ganz alleine sein. Also dieses letzte, dieser allerletzte Moment, da sind ganz viele allein. Dieses ganz klassische: Die Ehefrau geht nur mal kurz auf Toilette oder sagt ›ich geh mir nur kurz einen Kaffee holen, Schatz und ich komme gleich.‹ Und in diesem Moment stirbt der Mann, die Frau, das Kind, wer auch immer. Ich glaube dieser allerletzte Moment ist so intim, dass ganz viele, ganz alleine sein wollen« (BP1).

Und gleichzeitig kann das Dasein und die Anwesenheit von Hospizbegleiter*innen und eines Palliativteams auch dazu führen, dass die Sterbenden für eine gewisse Zeit noch einmal Lebensenergie finden und in einer gewissen Form kurzzeitig zurück in ihr Leben finden. Vom Umgang der Klient*innen mit den Partner*innen beschreibt BP1 ebenfalls eine Bandbreite an Körperlichkeiten bis zum Lebensende. So gibt es aber auch Nicht-Körperlichkeiten, die sie unter anderem mit Begleiterscheinungen der Erkrankungen begründet. Zudem beschreibt sie Körperlichkeit in einem Familiensystem als bedeutsam, um auch in der Außenwirkung als Einheit wahrgenommen zu werden.

BP1 führt allerdings auf, dass von den begleiteten Personen unerfüllte körperliche und sexuelle Bedürfnisse bisher innerhalb der Beratungsgespräche nie thematisiert wurden. Dabei nimmt sie aber ihr eigenes professionelles Handeln kritisch in den Blick und fragt sich selbst, ob es vonseiten der Klient*innen nicht thematisiert wurde oder ob sie den Raum in Gesprächen nicht weit genug dafür geöffnet habe. Allerdings sieht sie bei sich grundsätzlich Gesprächsbereitschaft und Offenheit für diese Thematik. BP2 berichtet, dass sie in ihrem Arbeitsalltag als Sterbebegleiterin selten konkrete Erfahrungen macht im Kontext von Intimität und Körperlichkeit. Dennoch sagt sie, dass vonseiten der Klient*innen nie konkrete sexuelle oder körperliche Bedürfnisse angesprochen werden. BP2 zeigt ihr Erstaunen darüber. Wie BP1 vermutet auch sie entsprechende Bedürfnisse bei Menschen:

> »Ja, da ist nie drüber gesprochen worden. Und ich könnte mir vorstellen, dass die Bedürfnisse natürlich auch da sind. Die können ja nicht weg sein. Aber es ist nie, es ist nie ein Thema gewesen. [...] Könnte natürlich auch an mir liegen, dass ich gar nicht auf die Idee käme. [...] Also auf der anderen Seite, Sexualität ist etwas sehr Intimes« (BP2).

Sie begründet das Nicht-Thematisieren unter anderem mit Scham, Krankheitssymptomen, der inhärenten professionellen Distanz zwischen Klient*innen und Ehrenamtler*innen sowie mit dem intimen Charakter des Sprechens über Sexualität oder sexuelle Bedürfnisse. Das Ausklammern dieser Thematik erlebte sie auch in ihrer Ausbildung zur Hospizbegleiterin. In der Supervisionsgruppe wurde es einmal thematisiert.

BP3 sieht, mit Blick auf die Pflegeverantwortung eines Partners, einen möglichen Grund für den Verlust von Sexualität. Dadurch, dass zum Beispiel der Partner als pflegender Angehöriger die Betreuung übernimmt, verliert dieser somit ein Stück weit seine Rolle als Sexualpartner. Die Beziehung wurde zunehmend asexuell, so vermutet BP3. Wiederum erläutert er, dass der Ehepartner die Rolle als Pfleger übernommen habe, um die Intimität zu wahren. Der vorherige ständige Wechsel von Pfleger*innen und das spontane Eintreffen dieser im Laufe des Tages habe einen merklich negativen Einfluss und erzeuge eine Störung der partnerschaftlichen Intimität.

Ähnlich wie BP3 berichtet auch Claudia Cardinal, dass sich durch die Unterstützung von Pflegekräften beispielsweise bei Toilettengängen ein Wandel des Intimitätsgefühls herstellt, sodass sich intime Momente aufgrund der Pflegesituation zunehmend auflösen. Dass Sterbenden und ihren nahen Angehörigen Körperlichkeit und Sexualität fehle bzw. dies thematisiert werde, verneint sie. Diese Abschiedszeit beschreibt sie als »aufwühlende Zeit« und »Hoch-Zeit«, in der Sexualität kein Thema ist. Dennoch würde sie bei einer entsprechenden Thematisierung offen ins Gespräch gehen.

> »Das ist ja auch so, dass in der Zeit, in der sozusagen dann jemand am Sterben ist oder im Sterbeprozess ist, das ist eine so aufwühlende Zeit. Ich glaub, wenn dann jemand irgendwie sagt ›Na, und hast du Lust auf Sex?‹ Da würden die sagen ›Was ist denn das?‹ […] das ist eine Hoch-Zeit. Das heißt eine Spitze des Lebens. […] das ist nicht nur die Hochzeit, sondern auch im Sterben, bei Geburten und im Sterben, das sind Höhepunkte. Und da spielt Sexualität, glaube ich, nicht so eine große Rolle. Mag's geben aber ist mir jetzt nicht vor die Nase gekommen« (Claudia Cardinal).

Körperlichkeit in Momenten des Abschieds zeigt sich laut Claudia Cardinal meistens in Form des Händeanfassens und -haltens. Dass Körperlichkeit in Form von Umarmungen in Zeiten des Abschieds und der Trauer auch helfen kann, wird durch das Beispiel der anteilnehmenden Umarmungen bei Beerdigungen bestärkt. Ebenso findet sie die Profession von »Berührerinnen« (Claudia Cardinal) spannend, da diese die Bedürfnisse von Sterbenden nach Körperlichkeit erfüllen können und »das ist die Berührung, die gehört dazu, die hat ja Trost in sich, ne?!« (Claudia Cardinal). Den sterbenden Menschen müsse ermöglicht werden, »auf eine liebevolle Art und Weise Abschied« (Claudia Cardinal) zu nehmen.

Mit Blick auf sterbende Menschen, die sie begleitet, sagt BP5, dass diese meist bereits gut für sich zu sorgen wissen und umsorgt werden. Von ihr als Sterbeamme wird somit nicht mehr viel Körperlichkeit in Form von Umarmungen und Ähnlichem gewünscht. Nichtsdestotrotz beschreibt sie Berührungen am Lebensende als wichtig, breitgefächert und in manchen Momenten als aussagekräftigen Ersatz für verbale Äußerungen. Körperlichkeit zeigt sich beispielsweise darin, dass Angehörige sich ins Bett der Verstorbenen legen:

> »Also ganz viele kriechen noch einmal zueinander ins Bett. (…) Ganz viel und liegen auch lange noch ganz lange noch nach dem Versterben bei den Menschen. Mögen das. […] Auch Streicheln. Das tut einfach gut. Alles, was du machen kannst nochmal an Berührungen tut unglaublich gut. Das sagen auch alle. Auch das Waschen« (BP5).

Und auch zu beobachten, wie sich der Verstorbene langsam verändert, kann das Verstehen des Todes befördern und in der Trauer helfen. BP5 beschreibt dies als »Balanceakt zwischen bleibender Verbundenheit und sanfter Neuorientierung. […] Also noch nicht hergeben und trotzdem hergeben« (BP5). Dadurch, dass in Zeiten des Sterbens die Intimität zwischen den Personen wachse, sei der anschließende Zeitraum meist so stark von der Trauer eingenommen, dass Wünsche und Bedürfnisse in Richtung Sexualität und Körperlichkeit selten vorkommen. Aus der Perspektive von BP5 treten diese Bedürfnisse eher bei den Personen auf, die generell ein starkes Bedürfnis nach Sexualität haben. Ähnlich wie BP2 es beschreibt, können aber Krankheitssymptome das Empfinden und das Bedürfnis nach Berührungen beeinflussen. So sei individuell auf die Bedürfnisse der Klient*innen einzugehen, wobei Grenzen gewahrt werden sollten. Letzteres zeigt sich insbesondere in der professionellen Arbeit von zum Beispiel Pflegekräften, denen gegenüber Sterbende den Wunsch äußern mit ihnen zu schlafen. Als letzter Wunsch. Dieser Wunsch habe zwar als solcher seine Daseinsberechtigung, allerdings kann er vonseiten der Pflegekräfte natürlich nicht erfüllt werden. Die Zusammenarbeit mit beispielsweise Sexarbeiter*innen und Sexualbegleiter*innen beschreiben BP5 und BP2 als Angebote, die teilweise genutzt werden. So ist die Tätigkeit als Sterbeamme geprägt von Offenheit, um dem Raum zu geben, worüber die Sterbenden sprechen möchten:

> »Gib dem Raum, es hat alles ein Recht da zu sein. Es hat nicht alles das Recht ausgelebt zu werden, so wie z. B. wenn der Sterbende nach der Krankenschwester grabscht, ne?! […] Was ist, wenn einer den Lebenswunsch hat ›Ich brauche nochmal fünf Frauen und nicht nur eine.‹ Oder eine Frau sagt ›Ich hätte gerne nochmal nen knackigen jungen Mann …‹ […] Denen zu sagen, ›Ok. Das ist ein Wunsch. Und willst du den wirklich leben?‹ […] manchmal ist es einfach nur ›Das hab ich verpasst.‹ Ist es eine Fantasie, oder steckt da wirklich ein Drive dahinter?« (BP5)

Aus der Erfahrung als Bestatterin berichtet BP6, dass es Momente der Körperlichkeit mit den Verstorbenen in Form von Berührungen und Küssen gibt, setzt dies aber in den jeweiligen Beziehungskontext der Angehörigen und der Verstorbenen. Zudem beschreibt BP6 gemeinsame Totenversorgungen als intime Momente zwischen den Angehörigen und dem Körper des*der Verstorbenen, der durch das bis zum Tode zusammen verbrachte Leben sehr vertraut ist:

> »Und in dieser gemeinsamen Totenversorgung ist es einfach so, dass die Angehörigen einfach genau diesen Körper kennen. [...] Und ich fand es immer sehr hilfreich, also auch für den Abschiedsprozess diese gemeinsame Totenversorgung anzubieten. [...] Auch ein Zugang zu Körperlichkeit ist ja für viele Menschen ganz unterschiedlich. Und für manche war es sehr selbstverständlich, also in diese gemeinsame Totenversorgung zu gehen. Und für andere war es überhaupt gar kein Weg, keine Option. Und auch das ist in Ordnung. Also weil es da kein Richtig oder Falsch gibt, also in den meisten Fragen. Und da habe ich es auch so erlebt, [...] bei einem Frauenpaar, [...] Und später ja die Ehefrau es auch alleine gemacht hat. Ich habe dann mit angefangen, und als sie ein Gefühl dafür bekommen hat, was sie tun kann, wollte sie es alleine tun. Und das war gut, also dass sie diesen Moment hatte, für sich ohne Fremde dabei« (BP6).

BP6 weiß davon zu berichten, dass es Angehörige gab, die durch den Tod des*der Partner*in den Verlust von Zärtlichkeiten, Vertrautem und Körperlichkeit thematisierten. Das konkrete Thematisieren der fehlenden Sexualität vonseiten der Hinterbliebenen findet in ihren Begleitungsgesprächen hingegen nicht statt. Sie begründet dies mit der gesellschaftlichen Tabuisierung des Themas und der damit zusammenhängenden Sprachlosigkeit. Mit Blick auf körperliche Interaktionen mit Begleitungen beschreibt sie ihren Zugang beispielsweise über Berührungen mit der Hand auf der Schulter der Angehörigen. Über achtsames Atmen und Stehen versucht sie die Angehörigen ins Hier und Jetzt zu holen und sie zu erden. Umarmungen mit Angehörigen oder das Berühren beispielsweise einer Schulter würden zwar selten passieren, hingegen betont sie die Bedeutung von Umarmungen mit Kolleg*innen dafür, neben der intensiven Arbeit mit Verstorbenen die eigene Lebendigkeit zu spüren und zu bestärken.

BP7 erläutert, dass in ihrer Arbeit als Trauerbegleiterin Körperarbeit grundsätzlich nicht praktiziert werde. Sie begründet dies mit fehlenden Qualifikationen und Zusatzausbildungen, um dies kompetent ausführen zu können. In ihrer Ausbildung zur Trauerbegleiterin wurde das Thema Körperlichkeit und Sexualität in Zeiten der Trauer nicht explizit angesprochen. So ist es aber im informellen Rahmen der Ausbildungsgruppe zum Austausch darüber gekommen. Dennoch stellt sie in ihrer Tätigkeit und in den Gesprächen mit den Klient*innen fest, dass der Bedarf an entsprechenden Angeboten vorhanden sei. Gerne würde sie dergleichen anbieten, allerdings unter der Prämisse, dass die*der Leiter*in eines entsprechenden Kurses ebenfalls Erfahrungen mit Trauerbegleitung hat. Der Hintergedanke dabei liegt in der Ausnahmesituation, in der sich die Klient*innen befinden. Durch Körperarbeit könnten Themen aufgebrochen werden, die von der Kursleitung fachkompetent aufgefangen werden müssen. Ein weiterer Aspekt, der zur Durchführung entsprechender Angebote vonnöten sei, ist ein geschützter Raum, in dem man sich frei bewegen kann, in dem Emotionen freigelassen werden können und eigene Grenzen wieder wahrgenommen werden können.

Die Thematisierung von Körperlichkeit und Sexualität insbesondere in Form von Bedürfnissen findet beispielsweise in Gruppengesprächen von verwaisten Eltern statt. Dabei unterscheidet sie die Bedürfnisse der Frauen/Mütter von denen der Männer/Väter. Während, laut BP7, die Frauen eher ein Bedürfnis nach Körperlichkeit im Sinne von (im Arm) Gehaltenwerden und Zärtlichkeiten haben, geht das Bedürfnis der Männer in Richtung Geschlechtsverkehr, in dem Sinne von »einfach mal den Kopf ausschalten, nur Spaß haben miteinander« (BP7). Das fehlende Bedürfnis der Frauen/Mütter begründet sie mit Schuldgefühlen und dem Gefühl keinen Spaß haben zu dürfen, aufgrund der Trauer, in der sie sich befinden.

Die Thematisierung innerhalb einer Gruppensituation findet meist unter folgenden Voraussetzungen statt: Es bedarf einer gewissen Vertrautheit in der Gruppe. Meist werde es von den Männern zu einem Zeitpunkt thematisiert, wenn die Partnerin nicht anwesend ist. Zusätzlich benötigt es eine gewisse Form von Mut dies anzusprechen, so beschreibt es BP7. Sofern es innerhalb einer Trauergruppe zu einer Aussprache kommt, wird das Thema von der Gruppe erleichtert aufgenommen und ein Austausch erfolgt. In erster Linie geht es aber dabei eher um das Aussprechen der Gedanken und das Erleben damit nicht allein zu sein als um konkrete Tipps zum Lösen des inneren Konflikts. Um einen solchen Austausch zu befördern, werden beispielsweise bei Trauergruppen-Wochenenden die Paare räumlich getrennt, damit in Abwesenheit des*der Partner*in die vorher aus Rücksicht zurückgehaltenen Gefühle und Gedanken den nötigen Raum erhalten. Das Nicht-Aussprechen erfolgt auch oft aus Sorge, dass solche Bedürfnisse die eigene Trauer negieren könnten und den Personen abgesprochen werde, dass sie wirklich trauern:

> »Aber mein Gefühl ist, dass in der Regel in der Mehrzahl der Fälle, die ich begleitet habe, sind eher die Frauen, die wenig Bedürfnis oder wenig Sehnsucht oder Verlangen haben nach Sexualität, sondern eher nach diesem Gehaltenwerden, diesem im Arm gehalten, zu wissen, ich hab ne Schulter wie auch immer zum Anlehnen und da ist jemand, der hält mich einfach fest, wenn ich es nicht mehr aushalte. [...] weil der Kopf einfach nicht ausgeht. Dieses Sich-fallen-Lassen und auch sich wieder zu spüren, den Körper und auch Lust zuzulassen, fällt total schwer. Mein Gefühl ist, dass [...] bei den Vätern oder den Männern eher der Fall ist. Auch dieses Verlangen mal wieder (...) einfach nur Spaß zu haben und das auch zuzulassen. Oder auch allein das Problem, das anzusprechen« (BP7).

Dass die Trauerbegleiter*innen in den Gruppensituationen die Thematik Körperlichkeit und Sexualität konkret ansprechen, findet eher selten statt. Da der Zeitraum auf zwei Stunden begrenzt ist, wird den Anwesenden der Raum gegeben, über aktuelle Themen zu sprechen. Wenn dann die Thematisierung stattfindet, erfolgt dies durch die Trauernden selbst. Allerdings sieht auch BP7 ein Potenzial darin, das Thema durch die Trauerbegleiter*innen aktiver einzubringen. Eine zusätzliche Intensivierung der Ungleichheit von Bedürfnissen im Vergleich zwischen Müttern und Vätern liegt laut BP7 vor, wenn die*der Partner*in nicht der*die leibliche Vater*Mutter ist. Die Intensität der Trauer unterscheidet sich somit unter Umständen innerhalb der Paare. Eine grundsätzliche Sehnsucht nach Partnerschaftlichkeit liegt beispielsweise bei alleinstehenden Personen vor, die ein Kind verloren haben. In diesem Punkt sei das Bedürfnis nach Zweisamkeit unter Umständen bereits vor dem Tod des Kindes Thema gewesen und werde in der Trauer verstärkt.

Mit Blick auf Personen, die ihren*ihre Partner*in verloren haben, sei das Thema anders gerahmt, denn neben dem Bedürfnis nach Nähe stehe unter Umständen ebenfalls das Bedürfnis, jemanden zu finden, mit dem man sich auch über die eigene Trauer austauschen kann. Auch hier unterscheidet BP7 zwischen dem zeitnahen Bedürfnis von Männern nach Körperlichkeit im Vergleich zu trauernden Frauen.

Aus der professionellen Beratung im Kontext von Sterben, Tod und Trauer berichten die Berater*innen von unterschiedlichen Erfahrungswerten im Kontext von Körperlichkeit und Sexualität. So sind aus der Perspektive von BP9 die Bedürfnisse zwar vorhanden, das Thema als solches werde aber oftmals tabuisiert. Es wird zu einem Thema gemacht, das in Zeiten der Trauer gesellschaftlich gesehen keine Daseinsberechtigung hat. Ähnlich wie BP7 berichtet BP9 von Unterschieden zwischen Frauen und Männern. So seien Männer schneller auf der Suche nach einer neuen Partnerin. BP10 berichtet, dass viele Männer ihre Trauer über Sexualität verarbeiten. Körperlichkeit erzeuge somit den Zugang zu den eigenen Gefühlen. Die Beratungsstelle werde auch aufgesucht, in der Hoffnung eine Gruppe vermittelt zu bekommen, in der man jemanden kennenlernen kann. Mit Blick auf jüngere Klient*innen sei das Eingehen einer neuen Partnerschaft eine Bewältigungsstrategie für die eigene Trauer. Dies ist allerdings mit der Erkenntnis verbunden, dass die verlorene Intimität in der bekannten Form dadurch nicht wiederhergestellt werden kann.

Nach dem Tod des*der Partner*in werden Sexualität und Körperlichkeit genutzt, um sich der eigenen Lebendigkeit und (sexuellen) Identität zu vergewissern, um den eigenen »Marktwert« (BP8) zu ergründen und die eigene Begehrenswertigkeit festzustellen. Dies sei hauptsächlich bei jüngeren Klient*innen ein Thema. Zudem berichten Klientinnen von sexuellen Annäherungen aus dem sozialen Umfeld, die aber meist als unangemessen erlebt werden (vgl. BP10). Auch BP8 hinterfragt das eigene professionelle Handeln kritisch, ob in den Beratungsgesprächen das Thema oft genug aktiv angesprochen werde. Gleichzeitig befürchtet sie eine übergriffige Handlung vonseiten der Berater*innen, wenn dies explizit nachgefragt werde. Kommt das Thema zur Sprache, dann meist über den Themenkomplex Intimität – insbesondere mit Blick auf die verstorbene Person und den Verlust der damit zusammenhängenden partnerschaftlichen Intimität. Dies umfasst auch die Bereiche Nähe, Sexualität und Körperlichkeit:

> »Sehr oft, dass Menschen sagen ›Mir fehlt die Umarmung. Mir fehlt die Nähe. Mir fehlt die Sexualität. Mir fehlt abends das Kuscheln im Bett.‹ Da gibt es ja Varianten in allem, so vielfältig wie wir Menschen sind, gibt's da Äußerungen dazu« (BP9).

> »Aber im Wesentlichen ist es, glaube ich, aus meiner Erfahrung dieser Verlust von Intimität mit einem ganz bestimmten Menschen. Und die ist ganz lebensumfassend. Alle Lebensbereiche, auch Sexualität, Körperlichkeit, natürlich auch Emotionalität, geistige Zustände. […] Trauer ist ja ein Beziehungsprozess. Und das drückt sich darin für mich gut aus« (BP10).

In der Tätigkeit als Berater*in sei somit ein anteilnehmendes offenes Interesse und behutsames Nachfragen bedeutsam. Den Menschen wird der Raum angeboten, um die eigenen Gedanken und Gefühle auszusprechen.

BP9 beschreibt, dass Körperlichkeit (z. B. Umarmungen oder Berührungen) in der eigenen Beratungsarbeit nicht angeboten oder praktiziert werde: »Wir sprechen drüber, aber wir arbeiten nicht mit dem Körper. Also wir fassen nicht an. Wir machen keine Körpertherapie« (BP9).

Die Gründe dafür liegen im Einhalten der professionellen Distanz, dem Selbstschutz und dem Schutz der Klient*innen, die sich in einer Ausnahmesituation befinden. Somit werde sichergestellt, dass die besondere Situation, in der sich die Klient*innen befinden, nicht missbräuchlich ausgenutzt werde und keine Abhängigkeiten geschaffen werden. Die Nähe zwischen Berater*in und Klient*in werde über die gesprochene Sprache und die Offenheit innerhalb der Beratungsgespräche hergestellt, so beschreiben es BP10 und BP9. Nichtsdestotrotz wird berichtet, dass es Klient*innen gibt, die explizit nach einer Umarmung fragen oder körperliche Wünsche und Sehnsüchte aussprechen:

> »Ich finde, es ist unsere Aufgabe auch klarzumachen ›Wir umarmen nicht. Wir berühren nicht. Sondern wir konzentrieren uns …‹ […] Um Nähe herzustellen. Die muss anders entstehen. Durch diese Offenheit, diese Möglichkeit frei sprechen zu können, über alles. Das beschreiben können, was ich beschreiben möchte, und das nicht gerade mit der Körperlichkeit, körperlichen Aktionen nicht zu vermischen« (BP10).

Im Gegensatz dazu erläutert BP8, dass es in Abschiedssituationen und zum Abschluss eines Gesprächsprozesses gelegentlich zu Körperlichkeit in Form von Umarmungen kommt. Zum einen will sie dieses Bedürfnis nicht zurückweisen, zum anderen sieht sie in dieser Art von Begegnung einen besonderen Moment des Menschseins und des Begegnens »von Angesicht zu Angesicht« (BP8). Diese Momente der Körperlichkeit bezeichnet sie als »Siegel« (BP8) des intimen Beratungsprozesses.

4.2.5 Normen und Moral

Dieses Unterkapitel beschäftigt sich mit den gesellschaftlichen Reaktionen auf Bedürfnisse und das Verhalten Abschiednehmender und Trauernder, die innerhalb der Interviews Erwähnung finden. Dabei handelt es sich um Erfahrungswerte aus der beruflichen Tätigkeit der Abschieds- und Trauerbegleiter*innen. Diese Erfahrungswerte ergeben sich wiederum aus den Gesprächen mit Klient*innen.

Aus ihrem beruflichen Kontext kann BP1 keine Erfahrungswerte erschließen. Hingegen weiß sie aus ihrem Freundeskreis zu berichten, dass junge befreundete Witwen in Party-Situationen gelegentlich als potenzielle Gefahr für verheiratete Paare angesehen werden. Hier besteht die Sorge, dass die alleinstehende Frau den Ehemann »wegnehmen« könne. Ähnliche Erfahrungen haben auch Claudia Cardinal und BP9. Im Kontrast dazu steht das konträre Verhalten gegenüber männlichen Witwern, die nicht als Konkurrenz angesehen werden, sondern aufgrund ihrer Trauersituation insbesondere von Frauen fürsorgliche Reaktionen erfahren. Personen, die selbst Trauer erlebt haben, stehen dem Verhalten Trauernder hingegen verständnisvoll gegenüber. Das gelingt ihnen aus der Erfahrung der eigenen Betroffenheit heraus, so berichten BP2 und BP7. BP3 sieht durch den gesellschaftlich verbreiteten Jugendwahn generell eine fehlende Auseinandersetzung mit den Themen Altern und Tod. Dem schließt sich auch Claudia Cardinal an, wenn sie von vorwurfsvollen Reaktionen des gesellschaftlichen Umfelds im Kontext von Alter und Sexualität berichtet. Gesamtgesellschaftlich gesehen vermutet BP6 eine vernachlässigte und nicht ausreichende Auseinandersetzung mit den Themen Sexualität und Intimität. Dies habe eine unzureichende Verbalisierungsfähigkeit zur Folge. In Bezug auf Sexualität und Intimität in Zeiten von Trauer sprechen Klient*innen von der Tabuisierung des Themas. Es wird von einem schlechten Gewissen berichtet, sobald relativ zeitnah nach dem Tod des*der Partner*in eine*n neue*n Partner*in gefunden wird. Dieses schlechte Gewissen werde durch die Normvorstellungen der Gesellschaft erzeugt, wie Trauernde sich nach dem Verlust zu verhalten haben, insbesondere im Kontext des ersten Trauerjahrs. Dies kann auch zur Folge haben, dass den Trauernden die Verbundenheit und Liebe zur verstorbenen Person abgesprochen werde, so berichten BP6, BP7 und Claudia Cardinal:

> »Also wo mir ein Witwer (…) ich hab die Frau lange begleitet, und der Witwer, der hat mir dann, der hat mich Monate später angerufen und hat gesagt ›Ich hatte ein ganz schlechtes Gewissen. Ich hab nämlich nach sieben* Wochen eine neue Partnerin gehabt.‹ Und es war sehr schön, was er gesagt hat. Er hat gesagt ›Ich wusste gar nicht, dass man mehr als eine Frau lieben kann.‹ […] Aber er hatte ein schlechtes Gewissen. Das heißt, da ist er natürlich mit den eigenen Normen einer Gesellschaft konfrontiert worden. […]

> Auch da wieder, müssen wir mal gucken, wenn ich trauernde Frauen erlebe. Da ist es ja häufig so, dass diejenigen (...) zunehmend (...) in zunehmendem Maße nicht mehr eingeladen werden, weil in den Gemeinschaften drumrum haben die anderen den Eindruck, die will nur den eigenen Mann wegnehmen. [...] meistens ist es so, dass die trauernde Frau, Ehefrau, die sagt ›Was soll ich mit einem Mann? Ich will meinen eigenen wiederhaben.‹« (Claudia Cardinal)

Mit diesem Absprechen von Liebe sehen sich auch Personen konfrontiert, die ein Kind verloren haben und wieder einen Kinderwunsch entwickeln. Hier reagiert laut BP5 und BP7 das soziale Umfeld unter anderem mit Unverständnis und einer gewissen Erwartungshaltung, wie die Personen zu trauern haben. Dies hat wiederum zur Folge, dass Trauernde unsicher werden in der Auseinandersetzung mit den eigenen Bedürfnissen und einem gesellschaftlich anerkannten Verhalten (vgl. BP7, BP9, BP8). Die Erzählungen der Abschieds- und Trauerbegleiter*innen machen deutlich, dass im Prinzip jegliches Verhalten (insbesondere bei jüngeren Trauernden) einer Bewertung durch das soziale Umfeld unterzogen wird:

> »Aber der Wunsch nach Körperlichkeit und einfach auch nur mal nach Spaß haben und sich fühlen und einfach auch mal wieder diesen Kopf frei kriegen, sich fallenlassen, einfach nur fühlen und Lust empfinden, ist bei den Männern eher und schneller und früher da als bei den Frauen. Das ist nicht durchgängig, aber die grobe Richtung. Aber der Fokus von außen macht viel. Also ich glaube, das ist auch noch die Gruppe, die am stärksten betroffen ist. Von diesen Zwängen und Gucken und ›Das darf man. Das hat man zu tun und das nicht.‹ Ich glaube, als Familie oder als Paar, wo ein Kind gestorben ist [...] da ist so viel Mit-Leid, Mit-Fühlen, Mit-Irgendwie. Aber alles in Richtung Sexualität (...) das kriegen die anderen ja auch nicht so richtig mit. Das weiß man eigentlich gar nicht, das ist eher ein Thema von den Partnern untereinander [...] natürlich auch bei den jüngeren Erwachsenen, wo die Eltern gestorben sind oder ein Elternteil oder Geschwister, sie sind auch sehr im Fokus. Sie trauern zu viel, trauern zu wenig. ›Das macht man doch nicht. Wie kann die denn?!‹ Wenn man gar nichts macht, nur zu Hause ist, ist aber auch nicht richtig. (...) Und es wäre so schön, wenn man das einfach so leben kann und sich auch selbst erlauben würde (...) wenn das Bedürfnis da ist« (BP7).

Neben diesen Vorstellungen existieren oftmals auch Unwissen und Unsicherheit in Bezug darauf, wie sich das Außen gegenüber Trauernden verhalten soll. BP6 und BP10 berichten von anfänglichen Hilfs- und Unterstützungsangeboten, die nach einer gewissen Zeit nachlassen. Das soziale Umfeld zieht sich zurück, wenn die Erfahrung gemacht wird, dass die Trauernden sich nicht so schnell in ihrem Verhalten normalisieren, wie das Umfeld es erwartet. Das soziale Umfeld ist unter Umständen überfordert mit dem individuellen Trauerverhalten. Daraus resultierende Berührungsängste konstruieren aus Trauernden Unberührbare: »Also das, was viele sagen und erleben tatsächlich, dass Menschen einen Bogen um sie herum machen. Die berühmte andere Straßenseite, unberührbar zu werden« (BP10). In diesem Kontext fragt BP8 kritisch, ob Trauernde genug körperliche Angebote erhalten, da nicht alle Bedürfnisse über Reden abgedeckt werden können. BP10 sieht eine andere Art der Auseinandersetzung im ländlichen Bereich, wo Trauernde stärker unter sozialer Beobachtung stehen, im Vergleich zur Anonymität im städtischen Bereich, wo es zudem mehr Möglichkeiten und Freiheiten für Trauernde gebe.

Die Abschieds- und Trauerbegleiter*innen versuchen, in ihrer Arbeit diese Norm- und Moralvorstellungen bzw. deren Auswirkungen aufzulösen, indem sie der individuellen Trauer Raum geben und das Verhalten keiner Bewertung unterwerfen, sondern ihm eine Daseinsberechtigung zugestehen. Vom sozialen Umfeld wird eine wertschätzende Wahrnehmung gefordert sowie die Akzeptanz, Toleranz und das Aushalten unterschiedlichen Verhaltens, sofern dieses niemanden verletzt. Hinzu kommt das Verständnis des unterschiedlichen Ausgestaltens, Erlebens und der Dauer von Trauer. Auch wenn sich im Kontext von Trauer in den letzten Jahrzehnten gesellschaftlich viel getan hat, macht die Existenz von Beratungsstellen sowie Sterbe- und Trauerbegleitungsangeboten deutlich, dass der soziale und gesamtgesellschaftliche offene Umgang mit Sterben, Tod und Trauer noch nicht gegeben ist. Sprachlosigkeit und Unsicherheit herrschen vor. Das Sprechen über Tod und Sterben ist bedeutsam für den Abschieds- und Trauerprozess. Und dazu gehören auch das Akzeptieren und das offene Aussprechen von Körperlichkeit, Sexualität und Intimität in Zeiten von Abschied und Trauer.

> »Und nach wie vor gibt es viele Unsicherheiten, Hemmungen und Ängste, mit denen werden wir leben müssen. Weil dieses Thema bringt es mit sich, dass es uns katapultiert, immer in die Ohnmachtssituation, in die Sprach-

losigkeit, Unsicherheit und so weiter. Und das wird bleiben. Es gibt ja nichts, solange wir nicht tatsächlich unsterblich werden, wird das uns beschäftigen. Und das ist nicht in Sicht, noch nicht. Vielleicht irgendwann. Weil es immer auch diese persönliche Ebene des Begehrens gibt. Das kann ja nicht wegbleiben« (BP10).

4.3 Quintessenz

Nach der umfassenden Analyse der einzelnen Kategorien folgt nun die Quintessenz der fallübergreifenden empirischen Ergebnisse. Die Interviews haben vielfältige Einblicke in die Arbeit der Befragten im Kontext von Abschieds- und Trauerarbeit ermöglicht. Die Analyse hat aber auch herausgestellt, dass nicht nur die Arbeitsweisen und Betrachtungen der inhärenten Themen unterschiedlich sind, sondern auch die Auseinandersetzung mit den Themen Körperlichkeit, Intimität und Sexualität, auch im Kontext von Abschieds- und Trauerprozessen.

Die individuellen Auseinandersetzungen mit den Definitionen von *Intimität, Körperlichkeit und Sexualität* zeigen das Potenzial, das hinter den Begrifflichkeiten steht. So definieren die Abschieds- und Trauerbegleiter*innen diese zwar größtenteils unterschiedlich, dennoch wird deutlich, dass für die Befragten die drei Begriffe einen wichtigen Stellenwert im zwischenmenschlichen Kontakt einnehmen. Zusammenfassend sind es der Körperkontakt, Zugewandtheit, Berührungen, Nähe und sinnliches Erleben, die das Miteinander erfahrbar machen und gleichzeitig die Bedeutsamkeit für das menschliche Erleben beeinflussen (können).

Somit ist es der *Körper*, der als Medium zur Realisierung dieser zwischenmenschlichen Ebene(n) nutzbar ist. Gerade in Abschieds- und Trauerprozessen kann somit der Körper einen wichtigen Stellenwert einnehmen. Zum einen ist es der Körper, aus dem das Leben entschwindet, von dem sich die Hinterbliebenen verabschieden und den sie in Erinnerung behalten. So sind es bestimmte Ausprägungen des verstorbenen Körpers und des Menschen, die in Erinnerungen und Gegenständen konserviert werden, um den Toten über den Tod hinaus bei sich behalten zu können. Es sind Berührungen und Momente mit den Verstorbenen, die als besonders beschrieben werden und die in der jeweiligen Form nicht wiederkommen werden. Zum anderen ist es der Körper der Sterbenden und Hinterbliebenen, der sie miteinander in Kontakt treten lässt, mit dem sie spüren, dass sie nicht allein sind, mit dem die Hinterbliebenen ihr eigenes Weiterleben gestalten können. Der Körper wurde innerhalb der Interviews als Transporteur von Gefühlen, Bedürfnissen, Sehnsüchten, Schmerzen und Leid dargestellt – für Sterbende, Abschiednehmende und Trauernde gleichermaßen –, aber eben auch als Körper der Angehörigen, der den Weg zurück ins Leben finden kann. Es wird deutlich, dass die Abschieds- und Trauerbegleiter*innen über ihre Arbeit mit den Menschen den körperlichen Ausprägungen von Trauer Raum geben. Auch wenn sie größtenteils keine konkrete Körperarbeit in ihre Arbeit miteinfließen lassen, wird der Körper auf andere Art und Weise thematisiert. Denn was die Klient*innen fühlen, schlägt sich im Körper nieder. Die Trauer wird somit leibhaftig. Und gleichzeitig kann der Körper in der Abschieds- und Trauerarbeit als Medium genutzt werden, um im Hier und Jetzt anzukommen, sich selbst zu vergegenwärtigen und den eigenen Bedürfnissen Aufmerksamkeit zu schenken. Aber auch der Körper der Abschieds- und Trauerbegleiter*innen ist bedeutsam im Arbeitsprozess. Denn ihre Körper können als Resonanzkörper in ihrer Arbeit betrachtet werden. Ein Resonanzkörper verstärkt beispielsweise als Instrument Töne. Im Kontext der Arbeit der Abschieds- und Trauerbegleiter*innen ist es auch ihr Körper, der in Kontakt mit den Klient*innen tritt und die inhärenten Schwingungen aufgreift und (selektiv) mitschwingt.

Und so kann das *Be-Greifen* von Sterben und Tod über den Körper und Körperlichkeiten stattfinden. Neben dem sinnlichen Erleben, Berührungen und körperlicher Nähe ist es aber auch wichtig in den verbalen Kontakt zu treten und offen über das Sterben und den Tod zu sprechen. Dabei muss allerdings zwischen Menschen unterschieden werden, die sich auf das Sterben vorbereiten können, und Menschen, die aufgrund eines plötzlichen Todes nicht in diese Auseinandersetzung treten können. Gerade in letzterem Fall wird die Bedeutung des Abschiednehmens vom Verstorbenen erkennbar. Wie einige der Abschieds- und Trauerbegleiter*innen erwähnen, sind das Abschiednehmen am offenen Sarg und das Berühren der Verstorbenen bedeutsam dafür, sich den Tod zu vergegenwärtigen – und somit das Be-Greifen mit den verschiedenen Sinnen zu ermöglichen. So ist auch das Mitgestalten und das Tätigwerden im Bestattungsprozess hilfreich für den eigenen Trauerprozess. Es wird deutlich, dass die Abschieds- und Trauerbegleiter*innen in diesem Kontext als Vermittler*innen dienen, die den Menschen über Aufklärung Raum und Zeit vermitteln und somit wichtige Stellschrauben zum Gelingen des Abschieds- und Trauerprozesses beeinflussen können.

Diese Aufklärung erfolgt in den Gesprächen mit den Befragten. Wie bereits erläutert, findet dieser Austausch größtenteils über die verbale Kommunikation statt. Innerhalb dieser Kontakte zu Sterbenden, Abschiednehmenden und Trauernden gibt es für die Abschieds- und Trauerbegleiter*innen auch *Berührungspunkte* zu den Themen Körperlichkeit, Intimität und Sexualität im Kontext von Abschied und Trauer, da die Klient*innen mitunter von Erfahrungen und Bedürfnissen unterschiedlicher Art berichten. Es wird deutlich, dass der körperliche Kontakt beispielsweise in Form einer Umarmung vonseiten der Klient*innen gewollt ist und gesucht wird. Ob das jeweilige Bedürfnis wiederum vonseiten der Abschieds- und Trauerbegleiter*innen aufgegriffen wird, hängt von der individuellen Grenzziehung ab, wobei die allgemeine Grenzziehung durch die professionelle Distanz zu den Klient*innen in den Interviews betont wird. Einige der Befragten geben dennoch an, dass Umarmungen stattfinden und Hände gehalten werden, da dem eine Bedeutung innerhalb des Kontaktes mit den Klient*innen beigemessen wird. Den Klient*innen kann es das Gefühl vermitteln, nicht allein zu sein. Sie gelangen darüber ins Spüren. Es kann auch als abschließendes Siegel für den Begleitungsprozess gesehen werden. So hängt es letztendlich vom individuellen Empfinden der Beteiligten ab, ob und in welcher Form Körperlichkeit praktiziert wird.

In seltenen Fällen kommt es innerhalb von Beratungs- und Trauerbegleitungsgesprächen zur konkreten Thematisierung von unerfüllten körperlichen und sexuellen Bedürfnissen. Dabei hinterfragen einige der Befragten auch selbstkritisch, woran das Thematisieren scheitert. Grundsätzlich vermuten die Abschieds- und Trauerbegleiter*innen ein Vorhandensein dieser Bedürfnisse. Zwar geben die befragten Personen an, Gesprächsbereitschaft und Offenheit für diese Themen zu haben, dennoch gibt es verschiedene Aspekte, die dem Thematisieren im Weg stehen: Scham, die inhärente professionelle Distanz zwischen Klient*innen und Abschieds- und Trauerbegleiter*innen, der intime Charakter von Körperlichkeit und Sexualität, der in den Bereich der Privatsphäre fällt, die gesellschaftliche Tabuisierung und die oftmals damit verbundene Sprachlosigkeit. Gleichzeitig vermeiden einige der Befragten die aktive Thematisierung, um keinen (verbalen) Übergriff zu erzeugen.

Weiterführende Berührungspunkte zu der Thematik gibt es mit Blick auf die Arbeit von beispielsweise Sexarbeiter*innen, Sexualbegleiter*innen und Berührer*innen, die in diesem Kontext professionelle Körperarbeit anbieten. So wird die Daseinsberechtigung von Wünschen und Bedürfnissen betont, auch wenn unter Umständen nicht alles erfüllt werden kann. Während die befragten Abschieds- und Trauerbegleiter*innen betonen, keine geeignete Qualifikation und Zusatzausbildung für Körperarbeit zu haben, wird dennoch ein Mehrwert entsprechender Angebote von Körperarbeit (z. B. Tanzen, Yoga, Klangschalenmassagen etc.) gesehen. Die Nachfrage nach und der Bedarf an solchen Angeboten liegen bereits vor. Betont wird dabei aber die Notwendigkeit der Kombination von Trauer- und Körperarbeit, um einen fachkompetenten Umgang in beide Richtungen zu gewährleisten. Der Nutzen von Körperlichkeit wird darin gesehen, dass der Mensch ins Hier und Jetzt geholt werden kann, dass die Personen wieder ins Spüren des Selbst und der eigenen Lebendigkeit gelangen und das Wiederherstellen des eigenen Körpergefühls ermöglicht werden kann. Die Bedeutsamkeit des Austauschs über Bedürfnisse und Gedanken wird am Beispiel der Trauergruppen verwaister Eltern deutlich. Sofern ein geschützter Raum und ein grundlegendes Vertrauen innerhalb der Gruppe gewährleistet ist, wird (meist in Abwesenheit der Partnerin) vonseiten der Väter das Bedürfnis nach mehr Körperlichkeit und Sexualität geäußert. Dabei geht es auch hier um die Möglichkeit des Aussprechens, die Erkenntnis mit den eigenen Gefühlen nicht allein zu sein und das Erleben der Daseinsberechtigung solcher Bedürfnisse in Zeiten der Trauer. Eine konkrete Lösungsorientierung ist dabei nicht zentral. So wird vonseiten der Abschieds- und Trauerbegleiter*innen auch davon berichtet, dass Körperlichkeit und Sexualität im Prozess der Verarbeitung von Trauer genutzt werden.

Allerdings wird innerhalb der Interviews auch deutlich, dass mit Blick auf die Daseinsberechtigung und das Benennen und Erfüllen von Bedürfnissen nach Körperlichkeit, Intimität und Sexualität Vorbehalte in Form von *Normen und Moralvorstellungen* des sozialen Umfelds und der Gesellschaft bestehen. So gibt es unterschiedliche Vorstellungen, wie sich beispielsweise Verwitwete innerhalb des ersten Trauerjahres zu verhalten haben. Die vernachlässigte gesellschaftliche Auseinandersetzung mit der Thematik wird vonseiten der Abschieds- und Trauerbegleiter*innen geäußert. Das Wissen um und auch die Vermutung solcher Erwartungshaltungen und Normvorstellungen beeinflusst das freie Ausleben und erzeugt unter Umständen ein schlechtes Gewissen und Unsicherheit bei den Personen. Die Abschieds- und Trauerbegleiter*innen versuchen diese Vorstellungen aufzulösen und der individuellen Trauer Raum und Zeit zu geben. Und so werden vom sozialen Umfeld eine wertschätzende Wahrnehmung, Akzeptanz, das Aushalten des unterschiedlichen Verhaltens von Abschiednehmenden und Trauernden sowie das Sprechen darüber gefordert, um Unsicherheiten abzubauen und Abschieds- und Trauerprozesse zu unterstützen.

5 Interviews mit Trauernden

Im Folgenden werden die Ergebnisse von Studie 2 dargestellt und diskutiert. Dafür werden zunächst die fünf Interviewteilnehmer*innen in Kurzportraits vorgestellt. Anschließend werden die herausgearbeiteten Themen beschrieben und mit Auszügen aus den Interviews veranschaulicht.

5.1 Darstellung der Interviewteilnehmer*innen

Freya (Ende 20)

Freya hat vor ca. zwei Jahren ihren Partner an Krebs verloren. Sie waren über sechs Jahre ein Paar. Sie erzählt, dass sie sexuell »sehr gut harmoniert« hätten. Nach dem Tod ihres Partners musste Freya zunächst realisieren, dass ihr Partner nicht mehr da ist. Neben seiner Person als Ganzes fehlten ihr seine Umarmungen und der Körperkontakt. Das »Verlangen nach Sex« stand dabei nicht im Vordergrund. Über Solosex näherte sich Freya ihrer persönlichen Sexualität wieder an. Das geschah einige Monate nach dem Tod ihres Partners und löste gute Gefühle bei ihr aus. Danach folgte eine Phase, in der sie Solosex »nicht wirklich erfüllend« fand. Sie sehnte sich zunehmend nach einem neuen Partner, auch nach partner*innenschaftlicher Sexualität. Gleichzeitig fühlte sie sich nicht bereit dafür. Bevor sie eine neue Beziehung eingehen konnte, wollte sie mit sich selbst »ins Reine« kommen und ihre Angst überwinden. Sie befürchtete, dass das Eingehen einer Beziehung sich wie ein Betrug an ihrem verstorbenen Partner anfühlen könnte. Ein gutes Jahr später fühlte sie sich bereit und hat sich auf eine neue Partnerschaft eingelassen. Seitdem holt sie die Trauer immer weniger ein. Sie und ihr neuer Partner sind weiterhin ein Paar und passen in sexueller Hinsicht gut zusammen. Um langfristig mit einem Partner zusammen sein zu können, sei »guter Sex« eine wichtige Voraussetzung.

Kai (Mitte 60)

Kai hat vor zweieinhalb Jahren seine Partnerin an Krebs verloren. Sie waren über 20 Jahre ein Paar und führten eine polyamore[13] Beziehung. Die Beziehung zu seiner verstorbenen Partnerin beschreibt er als »die große Liebe seines Lebens«. Beide haben Sexualität »sehr genossen« und ihr Sexualleben war geprägt von »Vielfalt und Abenteuer«. Die ersten anderthalb Jahre nach dem Tod seiner Partnerin hat Kai sich »wie amputiert« gefühlt: »Irgendwas fehlte und das war natürlich auch Sexualität und Berührungen überhaupt.« In der Anfangszeit wollte Kai keine Sexualkontakte eingehen, da »alles nur schlechter sein« konnte. Über zwei Personen, die als Tantra-Masseur*innen arbeiten, hat er sich seiner Sexualität über eine Art »Trauersex-Massage« wieder angenähert. Dieses positive Erlebnis hat unter anderem dazu geführt, dass er sich nach anderthalb Jahren entschieden hat »doch nochmal wieder [in partner*innenschaftliche Sexualität] einzusteigen und zu gucken«. Mit einer guten Freundin hat er eine Affäre angefangen, die auch heute noch andauert. Nachdem es ihm anfangs schwerfiel, sich auf eine neue Person einzulassen, fand er zunehmend Gefallen daran. Diese Erfahrung trug auch dazu bei, dass er im Herbst 2019 seine jetzige Partnerin kennenlernte. Seit dem Tod seiner vorausgehenden Partnerin hat sich seine Sexualität »eigentlich ganz gut entwickelt«. Nichtsdestotrotz fällt es ihm schwer, das Sexualleben mit seiner jetzigen Partnerin und seiner Affäre nicht ständig mit dem seiner verstorbenen Partnerin zu vergleichen. Wenn Kai Sexualität lebt, dann fühlt er sich »wahnsinnig lebendig«. Es gibt ihm viel Kraft.

Irene (Anfang 50)

Irene war 20 Jahre mit ihrem Partner zusammen, bis er vor knapp vier Jahren bei einem Unfall ums Leben gekommen ist. Sie waren ein Paar,

13 Der Begriff polyamor/Polyamorie »beschreibt eine Art zu lieben und Beziehungen zu führen. Menschen, die sich in mehr als eine Person auf einmal verlieben und/ oder romantische […] und/oder sexuelle Beziehungen mit mehr als einer Person gleichzeitig haben (wollen), können sich als polyamor bezeichnen. Polyamorie beruht auf offener und ehrlicher Kommunikation: Es ist notwendig, dass alle Beziehungs- und/oder Sexualpartner*innen von diesem Arrangement wissen und damit einverstanden sind. Das unterscheidet Polyamorie vom Fremdgehen« (Queer-Lexikon, 2023).

dass »mit der Zeit immer besser wurde« und eine entspannte Sexualität gelebt hat. Ihr gemeinsames Sexualleben war geprägt von »sehr viel emotionaler Tiefe«. Nach dem Tod ihres Partners hat sie lange Zeit gedacht, dass sie »nie wieder mit jemand anderem was körperlich haben könnte«. Solosex hat in dieser Zeit eine wichtige Rolle gespielt, bis es dann irgendwann »keinen Spaß mehr gemacht« hat. Nach anderthalb Jahren ist sie zum ersten Mal mit einer anderen Person sexuell intim geworden. Diese Erfahrung war »ganz schrecklich« und hat sie für ein weiteres halbes Jahr davon abgehalten jegliche Sexualkontakte einzugehen. Seit mittlerweile zwei Jahren hat Irene wechselnde Sexualpartner*innen. Sie möchte sich nicht auf eine feste Partner*innenschaft einlassen, sondern ihr »eigenes Ding machen«. Gleichzeitig findet sie das »Suchen und Ausprobieren« sehr anstrengend und zeitintensiv. Ihren Sexualpartner*innen begegnet sie ausschließlich auf körperlicher Ebene, weil ihr das »erstmal reicht«. Dennoch fehlt ihr die emotionale Tiefe, die zu einer erfüllten Sexualität für sie dazugehört.

Billie (Ende 30)

Billie hat vor zwei Jahren ihre Partnerin an Krebs verloren. Sie haben sich zu einer Zeit kennengelernt, als diese bereits erkrankt war, und haben schließlich das letzte Jahr vor ihrem Tod als Paar zusammen verbracht. Die Liebesbeziehung zu ihrer verstorbenen Partnerin beschreibt sie als »intensiv und lebendig«. Das gemeinsame Sexualleben war zu Beginn »sehr dolle aufregend« und durch die fortschreitende Erkrankung dann immer mehr mit Einschränkungen verbunden. Nach dem Tod ihrer Partnerin hatte Billie erst einmal keinen Zugang zu ihrer eigenen Sexualität. Zunehmend stellte sie fest, dass ihr eine nahe Person fehlt, auch um eine gemeinsame Sexualität zu leben. Bis heute geht sie diesem Bedürfnis jedoch nicht nach. Wenn sie sich vorstellt mit einer anderen Person sexuell aktiv zu sein, dann findet sie das zunächst aufregend und ist neugierig. Gleichzeitig spürt sie eine Trauer und sehnt sich danach zurück, »wie es war«. Wenn Billie Lust auf Sexualität verspürt, dann geht sie dem Bedürfnis nach und lebt Sexualität mit sich selbst. Trotzdem kommt ihre Sexualität insgesamt »manchmal ein bisschen zu kurz«. Sie hat sich länger nicht damit beschäftigt, was sie in »eine lustvolle Stimmung« bringt. In Zukunft möchte sie ihrer »lustvollen Seite« mehr Raum geben.

Lucy (Mitte 40)

Lucy hat vor knapp vier Jahren ihren Partner an Suizid verloren. Sie waren drei Jahre ein Paar. Die Beziehung beschreibt sie als »extrem leidenschaftlich« und in sexueller Hinsicht haben sie sehr gut zusammengepasst: »so einen Sex hatte ich vorher noch nicht«. In den ersten beiden Jahren nach dem Tod des Partners ist Lucy keine Sexualkontakte eingegangen. Sie sagt, dass sie »komplett raus« war. Solosex war für sie schon immer »total wichtig« und das hält auch im Trauerprozess an. Es hat eine Weile gedauert, bis sie wieder solosexuell aktiv sein konnte, weil sie in der Anfangszeit Schuldgefühle hatte. Nach circa zwei Jahren ist Lucy eine neue Beziehung eingegangen, die anderthalb Jahre andauerte. Bevor das erste Treffen mit dieser Person zustande kam, hat sie ein Probe-Sex-Date mit ihrem Ex-Partner vereinbart. Sie wollte ihre Reaktion auf einen Sexualkontakt besser einschätzen können. Seit einigen Monaten hat Lucy eine Freundschaft Plus[14] mit einem Mann, der ihrem verstorbenen Partner laut ihrer Aussage in vielen Punkten sehr ähnlich ist. Dadurch wird sie ständig an ihn erinnert, was es schwer macht, sich auf den neuen Sexualpartner einzulassen. Auch nach dem Tod ihres Partners misst Lucy ihrer persönlichen Sexualität weiterhin einen hohen Stellenwert bei. Momentan sei sie aber »nicht ganz so zufrieden«, weil ihr die emotionale Verbundenheit beim Sex fehlt.

5.2 Ergebnisdarstellung

Es wurden drei Themen erarbeitet, die sich mit Blick auf das Forschungsinteresse als besonders relevant herausgestellt haben: (1) »Erste Zeit der Trauer«, (2) »Zwiespalt der Gefühle« mit den Unterthemen »Bedürfnisse nach Sexualität« und »Scham- und Schuldgefühle« und (3) »Gleichzeitigkeit des Trauerns und neuer Sexualität« mit den Unterthemen »Der Schmerz bleibt«, »Neue sexuelle Wege« sowie »Neue gesellschaftliche Wege«. Die Themen werden in diesem Kapitel dargestellt. Sie werden in einer zeitlichen Abfolge beschrieben, um der Prozesshaftigkeit des Trauerns gerecht zu werden. Es folgt eine Abbildung der thematischen Landkarte, welche die Themen in ihrer Beziehung zueinander zeigt.

14 Menschen, die in einem Freundschaft-Plus-Verhältnis zueinander stehen, üben sexuelle Aktivitäten aus, ohne dafür in einer festen Partner*innenschaft zu sein.

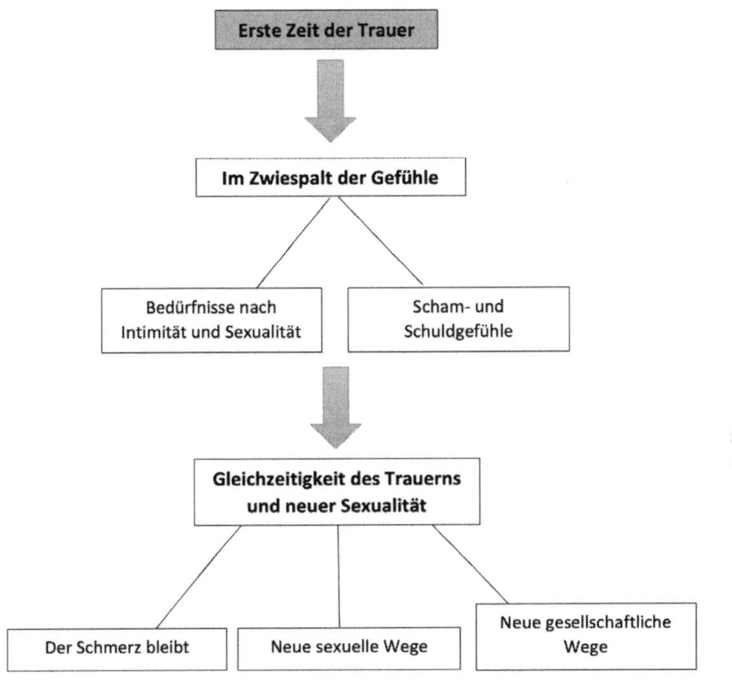

Abb. 1: Thematische Landkarte

5.2.1 Erste Zeit der Trauer

> »Das war […] tatsächlich das Schwierigste für mich in der ersten Zeit […] keinen Körperkontakt zu haben, zu ihm mehr. Also der Entzug war ganz, ganz schlimm. Und auch diese Gewissheit, das wird nie wieder passieren, war ganz schlimm« (Lucy).

Das erste Thema beschreibt die ersten Wochen und Monate nach dem Tod des*der Partner*in. Die Mehrheit der Befragten erinnert diese Zeit als emotionalen, teilweise auch körperlichen Ausnahmezustand der Trauer. Dieser spiegelt sich auch in ihrer Sexualität wider.

Drei der fünf Befragten beschreiben, dass die Trauer um den Verlust von Intimität und Sexualität bereits zeitnah nach dem Tod des*der Partner*in einsetzt. Dieser wird sehr schmerzhaft erlebt und ist bei Lucy und Kai auch körperlich deutlich spürbar:

> »Ich kam mir vor wie amputiert […]. Als wenn mir die Hälfte weggeschnitten wäre, also nicht nur psychisch, sondern auch körperlich. Irgendwas fehlte und das war natürlich auch Sexualität […] und Berührungen überhaupt […] und das habe ich sehr, sehr, sehr vermisst. Und es war wirklich eine GANZ schwierige Zeit und das kriegt man ja nirgendwo […]« (Kai).

Beide Befragten haben mit ihrem*ihrer verstorbenen Partner*in bis zum Tod eine gemeinsame Sexualität gelebt, die dann plötzlich weggebrochen ist. Damit unterscheiden sie sich von Freya, die bereits vor dem Tod ihres krebskranken Partners »wegen der Medikamente und seinem Zustand« keine Sexualität im engeren Sinne mit ihm leben konnte. Dafür haben in der verbleibenden Zeit bis zum Tod Berührungen, Nähe und Intimität umso mehr an Bedeutung gewonnen. Dieser Unterschied äußert sich auch in ihrer Trauer um den Verlust von Intimität:

> »Also da stand jetzt nicht das Verlangen nach Sex im Vordergrund, was ich vermisst habe, sondern natürlich eher das Verlangen nach der Person, die Sehnsucht nach der Person, aber natürlich auch die Sehnsucht nach Umarmungen und Körperkontakt, die war schon da […] Das hat enorm gefehlt und das ist (weint) […] auch sehr, sehr lange geblieben, ja (ausatmen)« (Freya).

Keine*r der Befragten zieht in Erwägung, die fehlende Nähe und Sexualität mit einer anderen Person auszuleben: »Also so am Anfang habe ich gedacht ›Ne, ich will gar nicht mit jemand anderes. Das kann alles nur schlechter sein!‹« (Kai).

Irene geht sogar eine Zeit lang davon aus, dass sie »nie wieder mit jemand anderem was körperlich haben könnte«. Kai und Irene hatten beide ein erfülltes Sexualleben mit ihrem*ihrer verstorbenen Partner*in, mit denen sie über 20 Jahre in Beziehung waren. Umso schwerer fällt es den beiden Befragten, sich eine Sexualität vorzustellen, die auch losgelöst von der verstorbenen Person weiter existiert: »Ich bin halt davon ausgegangen […] das war so toll, da wird es halt niemals jemanden (lacht) wieder geben […] das ist gar nicht machbar oder sich dann eben auch zu öffnen und einzulassen« (Irene).

Freya und Billie sind in der ersten Zeit nach dem Tod mit vielen anderen Dingen beschäftigt. Da bleibt kein Raum für die Auseinandersetzung mit der eigenen Sexualität:

> »Die ersten Monate habe ich mir auch keine Gedanken darüber gemacht, weil da so viel Anderes [...] war, mit dem ich [...] vorrangig klarkommen musste« (Freya).

> »Genau, da hatte ich [...] einerseits immer viel zu tun und war irgendwie auch gut angeschlossen, gut angedockt und in der Zeit hatte ich glaube ich gar nicht so einen Zugang zu meiner Sexualität und was ich da irgendwie gerade so brauche. Da waren viele andere Sachen oben auf« (Billie).

Freya sagt über sich selbst, sie brauche eine Partnerschaft, um im Leben gut zurechtzukommen. Eine geteilte Sexualität ist für sie eng an einen vertrauten Partner geknüpft. Die tiefe Vertrautheit gibt ihr »sehr viel Halt«. Dennoch stellt es für sie erst einmal keine Option dar, nach einer neuen Partnerschaft zu suchen. Die Trauer und der Schmerz um ihren verstorbenen Partner überwiegen in dieser Zeit:

> »Ich habe etwas über ein Jahr lang kein Verlangen gehabt mich irgendwie um einen neuen Partner zu bemühen oder sowas, einfach weil ich teilweise immer noch Weinkrämpfe bekommen habe, zusammengeklappt bin, irgendwie die beste Freundin anrufen musste, weil ich meinen Partner vermisst habe. Weil halt irgendwas passiert ist im Alltag, was mich erinnert hat, und es alles wieder hochgekommen« (Freya).

Für die anderen Befragten stellt es genauso wenig eine Option dar. In den ersten anderthalb bis zwei Jahren geht keine*r der Befragten eine Partner*innenschaft und/oder Sexualkontakte ein: »Also ich habe die ersten zwei Jahre mit niemanden irgendwas gehabt, nach seinem Tod. Da war ich komplett raus. Das konnte ich halt überhaupt nicht« (Lucy).

Die erste Zeit der Trauer ist davon geprägt, dass die Befragten sich einerseits nicht vorstellen können, Sexualkontakte einzugehen, und andererseits keinen Zugang zu ihrer Sexualität haben. In dieser Zeit dominiert die Trauer um den Verlust und das Lustempfinden scheint deutlich eingeschränkt zu sein. Sexuelle Bedürfnisse spielen eine untergeordnete Rolle.

5.2.2 Im Zwiespalt der Gefühle

> »Weil man wirklich dann so dasteht und man hat halt Bedürfnisse und niemand hat Verständnis für die. Also man kann die Bedürfnisse nicht befriedigen so richtig. Weil ich glaube, wenn ich nach einem halben Jahr, das schon mache, die Leute das irgendwie nicht verstehen könnten. Obwohl meine engsten Freunde hätten das schon verstanden, aber irgendwie ist es schon ein Tabu, glaube ich, so. Nach so kurzer Zeit, ja« (Lucy).

Das zweite Thema zeigt den Zwiespalt auf, in den Trauernde geraten, sobald sie sich ihrer Sexualität wieder annähern. Dieser lässt sich anhand der zwei Unterthemen »Bedürfnisse nach Intimität und Sexualität« und »Scham- und Schuldgefühle« nachvollziehen und kann bei vier der fünf Befragten beobachtet werden. Die Ausführungen sollen verdeutlichen, wie der Zwiespalt von den Befragten überwunden wird und welche Umgangsstrategien sie dabei anwenden.

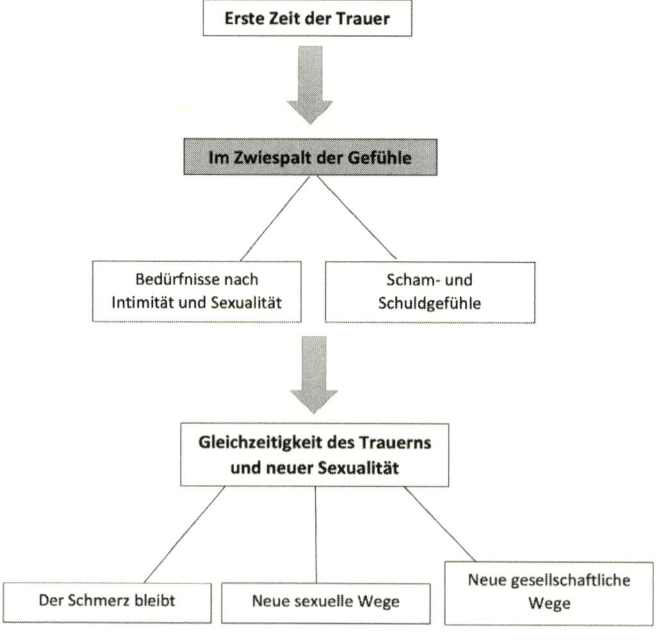

Abb. 2: Thematische Landkarte

Bedürfnisse nach Intimität und Sexualität

Grundsätzlich wurde in allen Interviews deutlich, dass sexuelle Bedürfnisse bereits nach wenigen Wochen oder Monaten wieder einsetzen und dann auch ausgelebt werden, jedoch nicht mit anderen Personen. Das heißt, dass die Befragten sich alle ihrer Sexualität zunächst über Solosex annähern:

> »Und ich glaube, das hat sich aber sehr schnell gewandelt, dass ich [...] an die Zeit zurückgedacht habe und da schon auch so Sexualität gelebt habe [...] vielleicht so ein paar Wochen, nachdem sie gestorben ist, das war jetzt nicht so ganz lange« (Billie).

> »Ich weiß auch gar nicht, wann das halt wieder angefangen hat nach dem Tod, wie lange das gedauert hat, bis ich das wieder konnte. Das war glaube ich nicht SO lange. Das hat mir einfach gefehlt« (Lucy).

Über Solosex stellt Lucy eine Verbindung zu ihrem verstorbenen Partner her: »Ich habe da auch ein bisschen Zugang gefunden zu ihm [...] in einer gewissen Art und Weise, eine Verbundenheit [...] durch mich zu ihm so.«

Freya weiß, was sie braucht, um sich ihrer Sexualität wieder langsam anzunähern. Für Solosex fühlt sie sich bereit, für alles Weitere jedoch nicht:

> »Also, wie gesagt, sexuelles Verlangen ist für mich halt ein körperliches Bedürfnis [...] das hat dann schon irgendwann wieder eingesetzt, aber das jetzt mit einem anderen Mann oder mit einem anderen Partner zu vollziehen, kam mir [...] erstmal ›Nä‹, weil das war halt noch quasi reserviert auch« (Freya).

Solosex stellt für Freya somit einen besonders guten Wiedereinstieg dar. Sie benötigt keinen Partner, dennoch kann sie ihrem Bedürfnis nach Sexualität nachgehen. Für sie ist Solosex eine Ressource im Trauerprozess und wirkt sich positiv auf ihr Wohlbefinden aus. Irene empfindet in dieser Hinsicht ähnlich. In ihrem Trauerprozess nimmt Solosex ebenfalls eine wichtige Rolle ein – insbesondere in dem Zeitraum, in dem sie noch nicht wieder Sexualität mit anderen Menschen auslebt: »Also das hat [...] mich über die zwei Jahre [...] halbwegs getragen, dass [...] wenn ich halt das Bedürfnis hatte, dann habe ich eben masturbiert so« (Irene).

Ab einem gewissen Zeitpunkt verlieren Irene und Freya jedoch den Gefallen an Solosex. Freya fühlt sich zunehmend einsam, wenn sie solosexuell aktiv ist. Sie erlebt es als immer weniger erfüllend, ihre Sexualität auf diese Art und Weise auszuleben. Ihr fehlt ein Gegenüber, »nicht unbedingt jetzt ausschließlich wegen Sex, aber dieses [...] Zusammengefühl, Körperkontakt [...] ist mir halt auch sehr, sehr wichtig« (Freya). Das ist auch der Grund, warum sie sich einen neuen Partner wünscht und sich das immer besser vorstellen kann. Bei Irene verändert sich der Solosex nach anderthalb Jahren. Seitdem hat sie keine Freude mehr daran. Sie kommt nicht mehr zum Orgasmus, so wie sie es von davor gewohnt war. Das frustriert sie:

> »Dieser Spannungsbogen, der sich dann halt irgendwann entlädt in einem Orgasmus [...]. Also es gibt kein Kabumm und das war dann so ein Punkt, wo ich gesagt habe ›Liebes Universum, ich fühle mich jetzt echt verarscht, ja. Jetzt funktioniert nicht mal mehr das‹. Das war echt blöd« (Irene).

Kai findet über einen anderen Weg wieder Zugang zu seiner Sexualität. Von zwei Personen, die als Tantra-Masseur*innen arbeiten, erhält er eine Art »Trauersex-Massage«, die er sehr positiv in Erinnerung behält: »Das war einfach toll, es hat ganz viel gelöst und hat mich sehr genährt.«

Das hier beschriebene Unterthema »Bedürfnisse nach Intimität und Sexualität« illustriert, dass alle Befragten ab einem gewissen Zeitpunkt wieder sexuelle Lust empfinden. Ihrer Sexualität nähern sie sich zunächst über Solosex an, der einen guten Wiedereinstieg darstellt, denn die Bedürfnisse können auch ohne eine*n Partner*in befriedigt werden. Solosexuelle Aktivitäten können im Trauerprozess mit starken Emotionen verbunden sein und dienen zur Entspannung. Sie bedeuten Spaß, können gleichzeitig aber auch Einsamkeit und Frustration auslösen. Besonders in dem Zeitraum, bevor die Befragten ihre Sexualität wieder mit anderen Personen ausleben, wird Solosexualität eine große Bedeutung beigemessen. Mit dem Eingehen sexueller Beziehungen wird Solosex in den Interviews nicht weiter erwähnt.

Scham- und Schuldgefühle

Dieses Unterthema beschreibt das Muster, dass die Befragten sich schämen und schuldig fühlen, sobald sie sich ihrer Sexualität wieder annähern und/oder diese ausleben.[15] Indem sie sexuelle Lust empfinden, wei-

15 »Das Nachdenken über Schuld gehört zu den meisten Trauerprozessen« (Paul, 2022, S. 7) und umfasst eine Vielzahl von Aspekten, worauf in dem vorliegenden

chen sie von den gesellschaftlich etablierten Trauernormen ab. Zunächst werden die einzelnen Normen erläutert, die von den Befragten explizit, aber auch implizit benannt werden. In einem nächsten Schritt wird auf die Umgangsstrategien eingegangen, die dabei helfen, den Zwiespalt zu überwinden.

Lucy ist die Einzige unter den Befragten, die im Interview explizit Normen benennt, die das Sexualverhalten Trauernder betreffen. Sie bezieht sich einerseits auf Erzählungen anderer und andererseits auf persönliche Erfahrungen aus ihrem direkten Umfeld.

Die erste Norm gibt vor, dass Trauernde nach dem Tod ihres*ihrer verstorbenen Partner*in eine gewisse Zeit abwarten sollen, bevor sie wieder eine neue Partner*innenschaft eingehen und/oder mit einer anderen Person sexuell aktiv werden. Lucy nennt das Beispiel ihrer Tante, die von der Familie dafür verurteilt wurde, weil sie »nicht lange genug gewartet« habe, bevor sie wieder eine neue Beziehung eingegangen ist:

> »Bei meiner Tante war das auch so. Die hatte auch ganz schnell einen neuen Mann, nach einem Jahr oder sowas. Und da hieß es auch in der Verwandtschaft ›Ja, die hat schon wieder einen Neuen. Der ist noch nicht mal richtig kalt‹. So etwas hört man dann halt« (Lucy).

Auch wenn Lucy an alte Zeiten zurückdenkt, erinnert sie sich daran, wie ältere Witwen dafür verurteilt wurden, wenn sie »relativ schnell« wieder einen neuen Mann an ihrer Seite hatten. Sie ist sich unsicher, ob diese Norm gleichermaßen für jüngere Witwen gilt:

> »Naja, man kennt ja diese typischen älteren Frauen, die nur in Schwarz herumlaufen, die ihren Ehemann verloren haben. Also ich meine mich schon zu erinnern, dass es da früher immer so Sachen gab wie ›Ja, der ist erst – was weiß ich – soundso lange tot und die hat schon wieder einen Neuen so‹, meine ich noch gehört zu haben oder. Na gut, ich habe ja nicht so viele Jüngere erlebt, die jetzt jung ihren Partner verloren haben. Bei den älteren Frauen war das auf jeden Fall so« (Lucy).

Buch nicht tiefer eingegangen werden kann. Trauernde können sich beispielsweise Schuldvorwürfe machen, dass sie den Tod nicht verhindern konnten. Nach einem Suizid ist das Thema Schuld häufig raumeinnehmender als bei anderen Todesursachen (vgl. ebd.).

Es wird auch deutlich, dass sie die Norm selbst verinnerlicht hat und danach beurteilt: »Und da hat man schon im Kopf diese Sache so ›Boah, was, nach drei Jahren schon? Wow, das ging schnell ne, irgendwie‹.« Gleichzeitig betont Lucy, dass man über das Sexualverhalten anderer Trauernder kein Urteil fällen kann. Es gibt keine Wahrheit, nach der bewertet werden kann. Ihre diesbezügliche Haltung wird am Beispiel ihrer Freundin deutlich (vgl. ausführlicher Kap. 2.6 u. 2.7, S. 22ff.):

> »Und [...] eine Freundin von mir, die hat auch ihren Partner verloren vor einigen Jahren und die hat aber sofort wieder Sexualität ausgelebt. Also ein paar Monate später, weil das ihr Kanal war, um das rauszukriegen die Trauer. Gibt es ja auch kein Richtig und kein Falsch« (Lucy).

Die zweite Norm besagt, dass wenn eine trauernde Person sich schnell wieder verliebt, dies ein Zeichen dafür ist, dass man die verstorbene Person nicht ernsthaft geliebt haben kann: »Das ist halt auch diese Sache, dass Leute, also ich glaube das geht um dieses Gleichsetzen, wenn man jemanden verliert, dass man irgendwie sich so schnell wieder verlieben kann in jemand Neuen« (Lucy). Dies bedeutet im Umkehrschluss, dass wenn man der verstorbenen Person gegenüber Liebe empfunden hätte, man nicht dazu in der Lage sei, sich zeitnah wieder in eine neue Person zu verlieben.

Die dritte Norm ist eng an die vorherige geknüpft und besagt, dass man als trauernde Person für einen gewissen Zeitraum keine positiven Gefühle wie Spaß oder Freude empfinden darf:

> »Naja, es gibt ja dieses Trauerjahr, ne. Ich [...] denke eher, dass Leute erwarten, [...] dass man halt irgendwie demjenigen noch treu bleibt, auch nach dem Tod [...]. Man sollte eigentlich Trauern, als Spaß zu haben. Ich glaube, das ist so eine Gleichsetzung dieser Spaß und diese Trauer. Diese Bedürfnisse spielen irgendwie keine Rolle, weil die sind ja nicht so wichtig im Vergleich, ne« (Lucy).

Auch wenn Lucy als Einzige unter den Befragten diese Normen so explizit benennt, wird aus den Erzählungen der anderen deutlich, dass sie diese genauso verinnerlicht haben. Irene ist beispielsweise davon verunsichert, dass sie sexuelle Lust empfindet und gleichzeitig trauert. Sie sucht im Internet und in der Literatur nach Gewissheit, ob ihr Fühlen eine Berechtigung hat:

> »Ich habe mal geguckt in so ein paar Internetforen – was weiß ich – verwitwet.de oder so, was da so stand, aber auch ganz wenig. Denn es ist ein ganz heikles Thema, hatte mir dann irgendwann dieses Buch ausgeborgt, von diesem Pastor[16] […] weil ich halt wissen wollte ›Ist mit mir alles okay, wenn ich trotzdem irgendwie noch Lust habe‹« (Irene).

Für Irene wäre es hilfreich gewesen, wenn sie sich mit anderen Menschen dazu hätte austauschen können, um sich mit ihren Zweifeln weniger allein zu fühlen:

> »So, ich glaube das ist auch recht wichtig […], um sich irgendwie einzusortieren. […] auch sich selber zu überprüfen ›So ist das okay? Ist das nicht okay? Was will ich? Was will ich nicht?‹ Ja, also eigentlich nicht so allein dazustehen damit« (Irene).

Lucy wählt die gleiche Strategie, um mit ihrer Verunsicherung umzugehen. Bevor sie ihre Sexualität wieder mit einer anderen Person auslebt, sucht sie im Internet nach Erfahrungsberichten anderer Trauernder. Sie ist besonders daran interessiert, mehr über den Zeitpunkt zu erfahren, wann Trauernde wieder Sexualkontakte eingehen: »Also ich habe halt viel im Internet geguckt, weil ich halt auch wissen wollte ›Ok, wann fangen die Leute wieder an mit jemanden zu schlafen oder überhaupt mit dem ganzen Thema‹« (Lucy).

Ob die Internetsuche hilfreich dabei war, mit den Unsicherheiten umzugehen, bleibt unklar. Ihre Suche nach entsprechender Literatur erwies sich jedenfalls als schwierig:

> »Ich habe halt wirklich sehr viel Literatur gesucht darüber, wie das ist und ich habe wirklich sehr wenig gefunden, weil ich da wirklich auch Hilfe brauchte. Kann man sich ja mit niemanden drüber unterhalten […]. Das ist ja so ein Tabuthema, ne« (Lucy).

16 Die Befragte nimmt hier Bezug auf Traugott Roser. Er ist evangelischer Theologe, Pfarrer und Hochschullehrer und hat im Jahre 2014 das Buch *Sexualität in Zeiten der Trauer* veröffentlicht. Mit seinem Buch hat er Pionier*innenarbeit geleistet, denn es ist das erste Buch im deutschsprachigen Raum, dass sich ausschließlich dem Thema Sexualität und Trauer widmet.

Die Tabuisierung des Themas hat zur Folge, dass bei vier der fünf Befragten Scham- und Schuldgefühle auftreten, wenn sie sich mit ihrer Sexualität auseinandersetzen und insbesondere dann, wenn sie zum ersten Mal nach dem Tod des*der Partner*in wieder einen Sexualkontakt eingehen:

> »Ich habe mich auch schuldig gefühlt tatsächlich, also wo ich das erste Mal Sex hatte mit dem Partner danach, habe ich mich wirklich richtig schuldig gefühlt« (Lucy).

> »Also ich habe ein fürchterlich schlechtes Gewissen gehabt, mir ging es gar nicht gut damit [...] also ich habe auch FÜRCHTERLICHE Schuldgefühle gehabt« (Irene).

Schon allein die Vorstellung einer solchen sexuellen Begegnung, löst zeitweise Schuldgefühle bei Lucy aus: »Auch überhaupt solche Gedanken zu haben für jemand anderen überhaupt, das hat auch ein bisschen gedauert, bis ich darüber hinweg gewesen bin«. Solche Gefühle können bei Lucy auch dann auftreten, wenn sie solosexuell aktiv ist: »Zu dieser Zeit war es natürlich so, dass ich mich auch schlecht gefühlt habe, das zu machen, als er dann weg gewesen ist, so die erste Zeit«.

Freya äußert die Befürchtung, dass sie sich mit dem Eingehen einer neuen (sexuellen) Beziehung so fühlen könnte, als ob sie ihren verstorbenen Partner betrügen würde. Um dieses Gefühl zu vermeiden, wählt sie für sich die Umgangsstrategie des Abwartens. Sie ist sich sicher, dass sie keine neue Beziehung eingehen möchte, solange ein solches Gefühl da ist:

> »Die größte Angst davor eine neue Beziehung einzugehen war, dass ich mich so fühle, als ob ich [...] meinen verstorbenen Partner betrügen würde. Ja, und da habe ich gesagt, solange dieses Gefühl da ist, kann ich auch nicht eine neue Beziehung eingehen, weil dann fühlt sich das nicht richtig an. Und das ist ein großer Teil, dass es sich richtig anfühlen muss. Ja, und das hat halt erst über ein Jahr danach wieder eingesetzt« (Freya).

Lucy ist das »Gefühl von Fremdgehen« ebenfalls vertraut. Sie sieht sich damit konfrontiert, sobald sie Sexualkontakte eingeht. Darüber hinaus fühlt sie sich schuldig, weil sie sich erlaubt, Spaß zu haben:

> »Eigentlich ist man ja treu gewesen die ganze Zeit und dann gibt man sich jemand anderem hin, obwohl man eigentlich denjenigen noch liebt, und das war schon das Gefühl von Fremdgehen, würde ich sagen. Und betrügen und überhaupt sich das nicht gönnen Spaß zu haben, ja. Da kommen die ganzen Schuldsachen da noch mit rein« (Lucy).

Drei der fünf Befragten beschreiben, dass es ihnen hilft zu wissen, dass ihr*e verstorbene*r Partner*in es nicht gewollt hätte, dass sie sich von solchen Gefühlen vereinnahmen lassen. Kai kann sich von seinen Schuldgefühlen ein Stück weit befreien, indem er sich die Worte seiner verstorbenen Partnerin vor Augen führt. Im Sterbeprozess hat das Paar Gespräche darüber geführt, wie das Leben für Kai nach dem Tod weitergehen kann. Über Partner*innenschaft und Sexualität wurde auch gesprochen. Die Worte seiner Partnerin ermutigen ihn, sich auf eine Affäre einzulassen:

> »Also wir sind dann immer intimer geworden und immer erotischer und am Anfang hatte ich so ein bisschen so ›Mhm, darf ich das?‹ Aber da ich ja sozusagen wieder den Auftrag hatte glücklich zu werden und den hat mir meine [Name] gegeben ›So, jetzt sieh zu, dass du wieder glücklich wirst, ja‹. Das ist ein Befehl (lacht). Da habe ich gedacht ›Ja gut, ich lasse mich darauf ein und es ist auch sehr schön‹« (Kai).

Freya ist erleichtert zu wissen, dass ihr verstorbener Partner das Eingehen einer neuen Beziehung nicht als Betrug gewertet hätte. Vor seinem Tod haben die beiden ein Gespräch dazu geführt. Sein ausdrücklicher Wunsch hilft Freya im Umgang mit ihren Schuldgefühlen: »Er hat gesagt ›Ich soll bitte, bitte, bitte glücklich werden (weint) und jetzt nicht jahrelang mich unterm Trauerschleier verducken‹.«

Irene sagt, dass sie bisher keine geeignete Umgangsstrategie gefunden hat, um ihr schlechtes Gewissen und ihre Schuldgefühle zu überwinden. Nichtdestotrotz ist es für sie hilfreich zu wissen, dass ihr verstorbener Partner sich gewünscht hätte, dass sie ihre Sexualität auch nach seinem Tod ungehindert auslebt: »Und ich weiß halt, dass [Name] ja gar nicht wollen würde, dass ich mich da so zurückziehe. Das ist mir schon klar. Ich meine so Schuldgefühle und schlechtes Gewissen zu haben, kann einen ja auch abhalten« (Irene).

Das schlechte Gewissen und die Schuldgefühle halten Lucy und Irene zwar nicht davon ab, ab einem gewissen Zeitpunkt wieder Sexualkontakte einzugehen. Dennoch beschreiben beide Befragte, dass die erste sexuelle Annäherung von Scham- und Schuldgefühlen überschattet wird. Das ist auch der Grund dafür, weshalb Irene sich nach einem ersten Sexualkontakt zurückzieht und für ein weiteres halbes Jahr keine partner*innenschaftliche Sexualität auslebt:

> »Das war aber ganz schrecklich [...] für mich [...] so nach anderthalb Jahren [...] mit küssen und streicheln [...] das hat mich dann doch noch so verschreckt, dass ich noch ein halbes Jahr gebraucht habe, bis ich mir das sozusagen zugestanden habe und gesagt habe ›Ok, das ist doch was, was ich möchte‹. Ja, so wo ich sage ›Die Tür mache ich halt nicht ganz zu in meinem Leben‹« (Irene).

Lucy steht vor dem Dilemma, dass sie einerseits den großen Wunsch nach Sexualität mit einer anderen Person verspürt, dann aber bei der ersten Annäherung mit ihrem Ex-Freund merkt, dass sie emotional nicht dafür bereit ist:

> »Mit meinem Ex-Freund hatte ich Sex das erste Mal nach dem Tod [...] das war glaub ich schon anderthalb Jahre danach. Genau und da habe ich mich so [...] richtig schlecht gefühlt. Also das konnte ich gar nicht genießen, den Sex [...] obwohl ich natürlich körperlich das unbedingt wollte, aber das ging im Kopf gar nicht« (Lucy).

Mittlerweile hat sich ihre Einstellung dazu verändert. Sie ist an dem Punkt angelangt, dass sie nicht weiter auf ihre sexuellen Bedürfnisse verzichten möchte, indem sie sich ihrer Sexualität wieder guten Gewissens zuwendet:

> »Also ich würde schon sagen, dass ich jetzt auf meine Bedürfnisse schaue, dass ich die befriedigen kann, weil es mir einfach zusteht. Es hat sich schon geändert. Also so Schuldgefühle gibt es in der Hinsicht nicht mehr wirklich, weil ich jetzt einfach mein Leben weiter gestalten MUSSTE und ich da auch keine Wahl hatte. Und ich wollte das auch nicht mehr irgendwann. Ich wollte halt einfach weiterleben und selbst auch meinen Spaß haben« (Lucy).

Zusammenfassend lässt sich feststellen, dass die Befragten einen langen und kräftezehrenden Prozess durchlaufen müssen, um ihre Scham- und Schuldgefühle zu überwinden. Dieser ist eine Voraussetzung dafür, dass sie ihre Sexualität wieder mit anderen Menschen ausleben können. Aufgrund der Tabuisierung des Themas kommt erschwerend hinzu, dass die Befragten während des Prozesses überwiegend auf sich allein gestellt sind.

5.2.3 Gleichzeitigkeit des Trauerns und neuer Sexualität

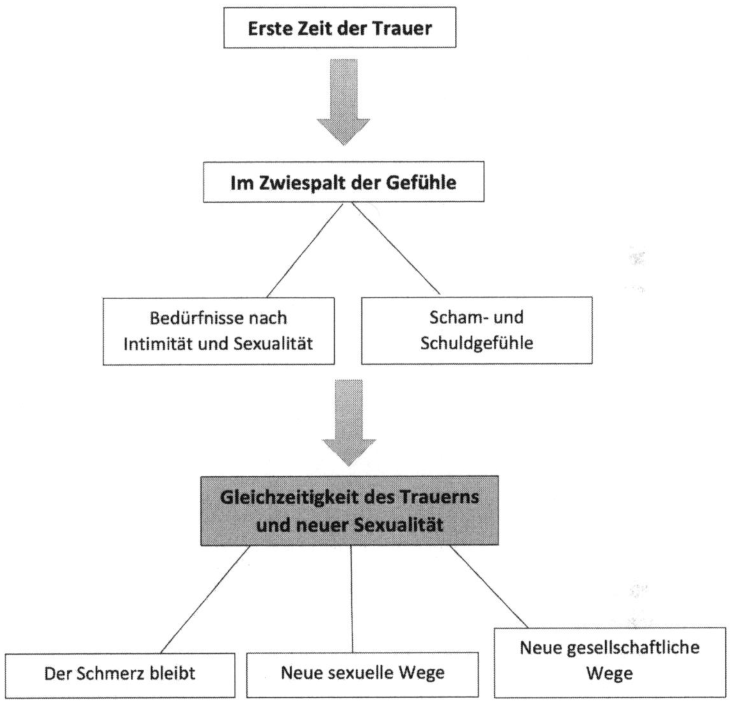

Abb. 3: Thematische Landkarte

> »Ich habe ja auch nach zwei Jahren jemanden gehabt. Das heißt aber nicht, dass ich jetzt heute mit der Trauer fertig bin [...] also gerade kommt es darauf an, was das für eine Beziehung war. Wenn man natürlich froh war, dass der Ehemann nicht mehr da ist, dann ist es was anderes. Aber ich sage mal jetzt [...] für mich, ich bin immer noch im Trauerprozess. Der ist halt nicht mehr so stark, wie er mal war, aber der ist immer noch da. Und der wird auch, glaube ich, noch eine Weile dauern. Ich glaube, die sind nie so ganz abgeschlossen so richtig, die Prozesse« (Lucy).

Das dritte Thema beschreibt die Gleichzeitigkeit des Trauerns und des Eingehens neuer (sexueller) Beziehungen. Obwohl die Trauer weiter anhält, gehen alle Befragten – ausgenommen Billie – wieder Sexualkontakte ein. Sie unterscheiden sich einerseits im Zeitpunkt der Wiederaufnahme sexueller Aktivitäten und andererseits darin, ob sie eine feste Partner*innenschaft oder eine Affäre dafür auswählen. Die drei Unterthemen »Der Schmerz bleibt«, »Neue sexuelle Wege« und »Neue gesellschaftliche Wege« sollen die Gleichzeitigkeit verdeutlichen und werden im Folgenden näher beschrieben.

Der Schmerz bleibt

Dieses Unterthema beschreibt das Muster, dass die Befragten auch heute noch um den Verlust im Allgemeinen und im Speziellen um die verloren gegangene Intimität und Sexualität trauern. Zwar verändert sich die Trauer über die Jahre hinweg, der Schmerz hält aber weiterhin an und ist ein ständiger Begleiter im Alltag der Befragten: »Die Wunde bleibt einfach da, die vernarbt vielleicht, wenn man Glück hat, aber sie bleibt da und sie ist immer spürbar und sie schmerzt auch einfach« (Kai).

Freya und Lucy beschreiben, dass sie den Körpergeruch ihres verstorbenen Partners vermissen. Besonders schmerzhaft ist es für Lucy, dass sie sich bereits nach wenigen Monaten nicht mehr an den Geruch erinnern kann:

> »Aber das mit dem Riechen, das war schon eine krasse Sache und das war wirklich [...] nur ein paar Monate danach und das hat mich ein bisschen zerstört, weil ich dachte ›Wow, wir waren jetzt so lange zusammen und du kannst dich nicht mehr erinnern‹ und ich kann es immer noch nicht tatsächlich. Ich habe es öfters mal versucht da reinzugehen, ist schwierig« (Lucy).

Irene realisiert im Laufe der Zeit, dass die gelebte Sexualität mit ihrem verstorbenen Partner das Ergebnis einer jahrelangen gemeinsamen Entwicklung darstellt und somit schwer zu ersetzen ist. Der Verlust reißt eine große Lücke in ihre persönliche Sexualität:

> »Was das für eine Leistung war, die wir da vollbracht haben [...]. Ja, dass wir [...] eine entspannte Sexualität leben konnten, also ich sage mal so, ich bin eine der Frauen, die fast jedes Mal einen Orgasmus bekommen hat, ohne

> irgendwie großartiges Rumtoben oder so [...] ja, und das fehlt. Das ist [...] gar nicht zu toppen sozusagen« (Irene).

Kai und seine verstorbene Partnerin waren ein gut aufeinander eingespieltes Paar und kannten die sexuellen Vorlieben der jeweils anderen Person. Er trauert um das tiefe Vertrauen, das sich über die Jahre hinweg aufgebaut hat:

> »Diese Selbstverständlichkeit, dieses tiefe Verstehen, das wächst natürlich auch erst im Laufe der Jahre. Dass man jetzt nicht erst noch große Vereinbarungen machen muss ›Was geht? Oder was möchte der andere? Oder was tut dem gut? Oder was macht den total an?‹ Das weiß man dann ja irgendwann, findet immer noch wieder neue Dinge, aber man hat sozusagen eine Basis, von der man das starten kann« (Kai).

Neben der Vertrautheit fehlt Irene die emotionale Verbundenheit zu ihrem verstorbenen Partner, was die Sexualität des Paares gekennzeichnet hat. Sie zweifelt daran, eine solche Verbundenheit jemals wieder herstellen zu können:

> »Also dieses Erkennen, dass ich halt diese Tiefe, die wir hatten, die kann ich ja gar nicht erreichen. Also die gibt es halt nicht mehr [...] also vielleicht irgendwann mal, keine Ahnung [...] diese Art von Tiefe wird es halt nicht mehr geben« (Irene).

Billie erzählt von einem prägenden Erlebnis, das ihren Trauerprozess grundlegend verändert hat. Ein Jahr nach dem Tod ihrer Partnerin sucht sie professionelle Unterstützung bei einer Trauerbegleiterin. Durch das Gespräch wird ihr bewusst, dass sie sich die Trauer bisher nur in Teilen zugestanden hat. Einer der Gründe liegt darin, dass Billie ihre verstorbene Partnerin noch nicht viele Jahre kannte und keine mehrjährige Beziehung mit ihr geführt hat. Das Gespräch stößt einen Wandel an und mit der Zeit erlaubt sie sich, auch um andere Aspekte zu trauern, wie zum Beispiel die geteilte Intimität und Sexualität: »Nach und nach merke ich, dass ich irgendwie das auch ganz schön vermisse [...] eine nahe Person zu haben [...] oder eine gemeinsame Sexualität [...] geht ja auch alleine« (Billie).

Kai beschreibt, dass das Lustempfinden in Phasen tiefer Trauer deutlich eingeschränkt ist. In solchen Phasen spielt auch die Trauer um die verloren gegangene Sexualität eine untergeordnete Rolle:

> »Es gab eben halt Phasen von tiefer Trauer, wo ich halt ganz viel geweint habe und ganz viel geschrien habe nachts und Gegenstände gegen die Wand geworfen habe und solche Dinge und dann denkt man nicht so ganz viel an Sexualität. Also es war immer mal wieder da und ich habe es auch sehr vermisst, aber dieses Schmerzvolle des Verlustes war mehr im Vordergrund [...] als das Gesamtpaket [...]. Da gehörte Sexualität auch dazu, aber eben nicht so im Vordergrund« (Kai).

Diese Phasen sind nicht unbedingt langanhaltend stabil, sondern Sexualität kann von einem auf den anderen Tag plötzlich wieder (k)ein Thema sein. Das heißt, Trauernde können in einem Moment Lust auf Sexualität verspüren und am nächsten Tag bereits völlig konträr dazu empfinden.

Kai ist der Einzige unter den Befragten, der eine polyamore Beziehung mit seiner verstorbenen Partnerin geführt hat. Bei allen anderen Paaren stand die Exklusivität der (sexuellen) Zweisamkeit im Zentrum. Somit war Kai nicht der einzige (Sexual-)Partner seiner Frau, sondern einer von mehreren. Er war es gewohnt, dass seine Partnerin vereinzelt ein bis zwei Tage mit anderen Partnern verbringt, wodurch er gelernt hat, seine Zeit auch ohne sie zu gestalten. Diese Kompetenz erlebt er als Ressource in der Trauerbewältigung. Kai und seine verstorbene Partnerin haben auch als Paar gemeinsame sexuelle Erfahrungen mit anderen Menschen gesammelt. Mehrere Personen trauern um die verloren gegangene Sexualität mit seiner Partnerin:

> »Was ich interessant finde, dass ganz viele Menschen, die ja mit uns beiden [...] erotische Erlebnisse gehabt haben und eben auch mit uns befreundet waren. Dass die eben AUCH trauern. Das bin nicht nur ich, dem eine Erotik und eine Sexualität mit ihr fehlen, sondern eben auch noch mindestens fünf, sechs andere Leute« (Kai).

Im Laufe des Interviews betont Irene wiederholt, dass sie »dieses Optimum, was wir halt hatten« sehr betrauert. Sie wünscht sich das Sexualleben mit ihrem verstorbenen Partner einerseits zurück und gleichzeitig versucht sie zu akzeptieren, dass das nicht mehr möglich ist. Sie möchte vermeiden »mit einem Bein in der Vergangenheit« zu stehen und richtet ihre Energie auf das (sexuelle) Weiterleben ohne ihn:

> »Also ich wünsche [...] zurück, wie es war so, aber [...] ich weiß es, ich kann es rational erfassen, dass das halt nicht geht und dass es nicht mehr

> so ist und deswegen möchte ich es auch anders haben […] und bin da auch ganz anders unterwegs« (Irene).

Selbstverständlich gibt es auch Momente, in denen sie an ihren Partner und die geteilte Sexualität mit ihm erinnert wird. Dies ist besonders der Fall, wenn sie mit einer anderen Person intime Nähe teilt. Nach 20 Jahren partner*innenschaftlicher Sexualität mit ein und derselben Person liegt diese enge Verbindung nahe. Solche Momente werden seltener, sind aber weiterhin ein Teil ihres Erlebens und in gewisser Weise auch schmerzvoll. Irene wird jedes Mal aufs Neue daran erinnert, was ihr in sexueller Hinsicht fehlt:

> »Also irgendwas in mir drin hat dann immer gesagt ›Ist [Name] jetzt wieder da?‹ […] wo ich dann sage ›Ne, er ist es nicht‹, wo ich mir selber das sage, weil es eben doch so […] eine Tiefe war […]. Wo ich eben auch merke, dass nicht mal ansatzweise […] selbst mit gutem Willen irgendwie zu erreichen ist, so. Also es fühlt sich alles ganz anders an« (Irene).

Lucy ergeht es ähnlich. Wenn sie mit einer anderen Person sexuell aktiv ist, treten solche Erinnerungen in Form von Flashbacks[17] auf. Dies erlebt sie als schmerzhaft, belastend und einschränkend. Erschwerend kommt hinzu, dass ihr jetziger Sexualpartner große Ähnlichkeit mit ihrem verstorbenen Partner aufweist:

> »Also ich habe jetzt einen Freundschaft-Plus-Partner, der ihm in vielen Sachen ähnlich ist. Und das ist sehr schwer. […] also es ist nicht so, dass ich jetzt sage ›Okay, ich nehme mich jetzt raus aus der ganzen Sache‹, aber es schränkt extrem ein, weil man halt wirklich so Flashbacks hat von so Momenten her, die man halt auch vergessen hat, ne« (Lucy).

Freya unterscheidet sich in diesem Punkt von Irene und Lucy. Von dem Zeitpunkt an, ab dem sie eine neue Partner*innenschaft eingeht, wird sie von der Trauer weniger stark eingeholt:

17 Der Begriff Flashback kommt ursprünglich aus der Psychotraumatologie und bezeichnet das Wiedererleben eines traumatischen Ereignisses in Form von unkontrollierten Gedanken und Bildern (vgl. Morgan, 2007, S. 22). Flashbacks können sowohl »durch exterozeptive Reize wie einen Geruch oder ein Geräusch als auch durch interozeptive, also Empfindungen aus unserem Körperinneren« (Lackner, 2021, S. 45) ausgelöst werden.

> »Seit ich halt wieder eine Beziehung führe, ist das weniger, also fast weg. Also ich werde immer nochmal wieder traurig, aber ich habe nicht mehr so diese krassen Gefühlsausbrüche, wo dann auch irgendwie den restlichen Tag gar nichts mehr ging« (Freya).

Wenn sie mit ihrem neuen Partner sexuell aktiv ist, gelingt es ihr im Moment zu sein und nicht an ihren verstorbenen Partner zu denken:

> »Aber jetzt auch beim Sex mit meinem neuen Partner, ich habe kein Kopfkino oder [...] dass ich mir meinen alten Partner vorstelle, das ist mein jetziger Partner, der da mit mir Spaß hat [...] Es ist halt der, der im Moment da ist, und früher war es mein verstorbener Partner, den ich sehr geliebt habe und dessen Körper ich auch sehr geliebt habe. Jetzt ist es der neue Partner« (Freya).

Das Thema »Der Schmerz bleibt« veranschaulicht, dass die Befragten verschiedene Aspekte der verloren gegangenen Intimität und Sexualität mit unterschiedlicher Intensität betrauern. Bei manchen von ihnen beginnt die Trauer darum unmittelbar nach dem Tod, bei anderen setzt der Prozess zu einem späteren Zeitpunkt ein. Die Trauer um den*die verstorbene*n Partner*in stellt für die Mehrheit der Befragten auf lange Sicht keinen Hinderungsgrund dar, neue sexuelle Beziehungen einzugehen.

Neue sexuelle Wege

Das Unterthema »Neue sexuelle Wege« beschreibt das Sexualleben der Befragten von dem Zeitpunkt an, ab dem sie wieder mit anderen Menschen sexuell aktiv sind. Der Zwiespalt nimmt ab, das heißt, Scham- und Schuldgefühle rücken zunehmend in den Hintergrund.

Dabei ist zunächst auffällig, dass alle Befragten eine bewusste Entscheidung treffen, bevor sie den Schritt gehen, ihre Sexualität wieder mit einer anderen Person auszuleben. Der Zeitpunkt variiert dabei zwischen ein bis zwei Jahren nach dem Todeszeitpunkt:

> »Seitdem ich dann irgendwann die Entscheidung für mich getroffen habe, dass es halt ein Thema ist und das es da auch noch Felder gibt, die ich so für mich entdecken kann, habe ich gesagt ›Dann mache ich das‹ (lacht)« (Irene).

> »Nach anderthalb Jahren habe ich mich entschlossen doch nochmal wieder einzusteigen und zu gucken« (Kai).

Lucy gesteht sich irgendwann wieder zu, dass sie ein Recht darauf hat, ihre Bedürfnisse zu befriedigen. Damit begründet sie die Entscheidung für die Wiederaufnahme sexueller Aktivitäten: »Aber ich habe [...] mir dann gesagt ›Ne, das sehe ich eigentlich überhaupt nicht ein, da aufzuhören tatsächlich‹. Da bin ich auch ein zu körperlicher, emotionaler Mensch, um das halt wegzupacken. Da fehlt mir auch was« (Lucy).

Nach circa zwei Jahren gelangen Lucy und Irene an den Punkt, dass sie nicht mehr auf Sexualität verzichten möchten:

> »Also, mhm, es hat so ungefähr zwei Jahre gedauert, bis ich dann gemerkt habe ›Ja, also ich will dann nicht so in Gänze leben wie eine Nonne‹ (lacht)« (Irene).

> »Habe dann langsam wieder angefangen, weil ich es einfach wollte, ne« (Lucy).

Alle Befragten beschreiben, dass sie sich schrittweise vorgetastet haben. Lucy ist sich beispielsweise unsicher, wie sie darauf reagiert, wenn sie das erste Mal mit einer anderen Person intim ist. Um ihre Reaktion besser einschätzen zu können und sich damit sicherer zu fühlen, vereinbart sie ein Probe-Date mit ihrem Ex-Freund:

> »Also ich habe tatsächlich, bevor ich das Date hatte, mit dem Partner danach, mit meinem Ex-Freund Sex gehabt, damit ich schonmal darauf vorbereitet bin, weil ich nicht wusste ›Breche ich in Tränen aus oder nicht?‹ Das wusste ich halt nicht zu dieser Zeit, wie ich darauf reagiere, wenn ich mit einem anderen Mann etwas habe. Und ich glaube, ich konnte da am Anfang da auch nicht so wirklich viel zulassen tatsächlich so emotional« (Lucy).

Freya findet Halt und Sicherheit darin, dass sie auf ihr Gefühl vertrauen kann. Sie wartet darauf, bis es sich »richtig anfühlt« und vereinbart erst dann ein Date:

> »Bevor ich [...] vom ersten Date [...] mit nach Hause gegangen bin, wo dann abzusehen war, es könnte sich Sex daraus entwickeln, aus diesem

Abend und aus diesem Tag, den wir gemeinsam verbracht haben. Bevor ich so etwas quasi zugelassen habe, musste ich oder wollte ich mit mir selber im Reinen sein, dass es für mich okay ist. So und dann an einem Punkt hat es sich dann ergeben, ich habe gesagt ›Ja, jetzt ist es okay‹« (Freya).

Während Freya sich nach einer neuen Partner*innenschaft sehnt, geht Kai eine Affäre ein. Um sich darauf einlassen zu können, ist es für ihn entscheidend, dass er seine neue Sexualpartnerin vorher kennt. Für ihn ist es mindestens genauso wichtig, dass seine verstorbene Partnerin und seine neue Affäre einander kannten:

> »Ich habe hier eine gute Freundin, die ist Malerin, die wollte gerne, dass ich Aktmodell stehe und daraus hat sich dann auch etwas Erotisches entwickelt, was sehr schön ist. Und für mich war das auch wichtig, dass sie [Name] kannte und wir auch schonmal was zusammen gemacht haben. Also das spielte schon eine Rolle, so am Anfang wollte ich nicht mit jedem und überall und so« (Kai).

Für Kai und Irene stellt eine Affäre einen geeigneten Wiedereinstieg dar:

> »Also ich musste mich jetzt nicht gleich [...] wieder binden oder irgendein Eheversprechen oder auch nur ein Versprechen auf Dauer, sondern es war irgendwie so eine punktuelle Begegnung, die mir sehr gutgetan haben. Einfach berührt zu werden und [...] eine tolle Zeit zu haben« (Kai).

> »Ist halt viel körperlich, sodass ich sage, es reicht mir erstmal [...] und so bin ich halt auch daran gegangen. [...] so dieses, ein Liebhaber oder auch zwei [...] und dann auch wechselnd [...] irgendwie das abzudecken« (Irene).

Diese positive Erfahrung trägt dazu bei, dass Kai sich weiter vorwagt und sich mehr zutraut. Er geht eine neue Partner*innenschaft ein:

> »Das hat dann auch dazu beigetragen, dass ich mich weiter eingelassen habe, auf mehr, mit der jetzigen Partnerin. Also das ich sagen konnte: Ja, es geht. Ich probiere es mal. Ich kann [...] nicht versprechen, dass es mich nicht dann doch irgendwie vom Sockel reißt und ich nicht kann, weil ich trauermäßig eben immer noch an einem anderen Punkt bin. Aber ich versuche es und gucke mal« (Kai).

Was für Kai eine neue Entdeckung ist, stellt für Irene keine Option dar. Um ihre Sexualität auszuleben, möchte sie sich nicht fest an einen Partner binden. Stattdessen bevorzugt sie wechselnde Sexualpartner*innen. Ihre Entscheidung begründet sie damit, dass sie »zwanzig Jahre eine wirklich gute Beziehung« geführt hat und sich deshalb ein intensiveres Miteinander momentan nicht vorstellen kann:

> »Aber im Moment ist es tatsächlich so, dass ich sage ›Ich hätte gerne eher was Loses oder was Lockeres und das ist irgendwie […] schwierig‹ […] also ich möchte Gesellschaft haben und ich möchte Spaß haben […] und auch Körperlichkeit […]. Mehr halt gerade nicht, so« (Irene).

Irene ist sich unsicher, ob sie emotional überhaupt dafür bereit wäre, sich in eine neue Person zu verlieben. Um sich nicht zu überfordern, sucht sie bisher auch nicht danach. Sie achtet auf ihre Bedürfnisse und wagt sich nur so weit vor, wie es sich für sie richtig anfühlt:

> »Genau, was ich im Moment glaube ich auch leisten kann emotional. Das ist ja auch so was, wo ich sage ›Ich traue mir da ja auch nicht über den Weg so‹. Kann auch sein, dass ich mich einfach nach einem Vierteljahr so eingeengt fühle, dass ich das nicht mehr möchte oder so. Ich habe keine Ahnung, ja« (Irene).

Zwei Jahre nach dem Tod ihres damaligen Partners geht Lucy eine neue Partnerschaft ein. Rückblickend stellt sie fest, dass sie diese neue Partnerschaft nur deshalb eingehen konnte, weil sich ihr Gegenüber von ihrem verstorbenen Partner stark unterschieden hat. Ihr aktueller Sexualpartner weist wiederum große Ähnlichkeit zu ihrem verstorbenen Partner auf, weshalb sie ständig vor der Herausforderung steht, dass sie an ihn erinnert wird. In der ersten Zeit stimmt Lucy diese Parallele sehr traurig und schränkt sie ein. Das ist auch der Grund dafür, weshalb Lucy momentan keine feste Partner*innenschaft eingehen möchte:

> »Wir haben halt wie gesagt eine Freundschaft Plus und wir sehen uns halt jede Woche und […] am Anfang war es sehr schwierig da mit ihm überhaupt etwas anzufangen, weil es mich halt so erinnert, hat an [Name], dass ich da ein bisschen Schwierigkeit hatte mich darauf einzulassen. Dann ging es eine Weile und jetzt mittlerweile sind das immer mehr Gemeinsamkeiten, die ich sehe« (Lucy).

Die Mehrheit der Befragten vergleicht ihr jetziges Sexualleben mit dem, was sie zu Lebzeiten ihres*ihrer verstorbenen Partner*in geführt haben. Dabei erzielt der*die frühere Partner*in ein deutlich besseres Ergebnis:

> »Und von der Sexualität her, ich muss mich sehr hüten nicht irgendwie in den Vergleich zu gehen. Also wenn Sie sich vorstellen ›Sie haben alle Wünsche erfüllt gekriegt, selbst die schrägsten, die Ihnen gerade mal so einfallen können‹. Und dann nicht zu sagen ›Ja, der andere macht es aber nicht oder er macht er macht es nicht so gut oder‹. Schon ist man in der Falle drin, dann wird es einfach schwierig« (Kai).

Kai fällt es schwer, nicht ständig in den Vergleich zu gehen, gleichzeitig weiß er, dass seine momentane Partnerin und seine verstorbene Partnerin zwei völlig unterschiedliche Personen sind und somit nicht miteinander verglichen werden können. Lucy und Irene fehlt die emotionale Intensität in ihrer Sexualität und als Vergleichsmaßstab ziehen sie die geteilte Sexualität mit ihrem verstorbenen Partner heran:

> »Meine eigene Sexualität hat sich halt, glaube ich, nur geändert, dass ich niemanden bisher gefunden habe, mit dem ich das Gleiche erleben konnte, von dem gleichen Level her […] es ist nicht so, dass ich jetzt sage ›Ich habe keinen Sex mehr‹, überhaupt nicht. Das ist schon alles wie es halt vorher auch war, ne. Aber halt anders. Das ist halt nicht so intensiv mit den Leuten, mit denen ich das jetzt habe […]. Das ist nicht die gleiche Liebe, das gleiche Level an Emotionen, genau« (Lucy).

Nach ungefähr einem Jahr setzt bei Freya das Gefühl ein, auf das sie gewartet hat. Sie ist bereit für eine neue Partner*innenschaft und begibt sich dann erst auf Partner*innensuche. In ihrem Freund*innenkreis wird sie fündig. Ihren neuen Partner sieht sie dabei nicht als Konkurrenten zu ihrem verstorbenen Partner:

> »Ja, das ist mein neuer Geliebter und das ist halt auch keine Konkurrenzbeziehung in meinem Kopf und das habe ich […] meinem neuen Partner auch gesagt ›Du trittst nicht in Konkurrenz mit meinem verstorbenen Geliebten, weil ihr seid zwei Personen und Liebe oder Zuneigung oder Intimität ist keine begrenzte Ressource‹, sage ich mal […] in meinem

> Kopf ist Menge X meiner Liebe für meinen alten Partner reserviert, an den kommst du niemals ran. ›Das ist ja Blödsinn‹« (Freya).

Freya unterscheidet sich in diesem Punkt von den anderen Befragten. Das macht sich auch in ihrer sexuellen Zufriedenheit bemerkbar. Seitdem sie einen neuen Partner hat, ist sie deutlich zufriedener: »Und seit es wieder einen Menschen in meinem Leben gibt, mit dem ich ins Bett gehen kann (lacht), hat es sich natürlich sehr verbessert. Und ich finde wir liegen da auch beide ganz gut auf einer Wellenlinie« (Freya).

Irene und Lucy sind nicht so zufrieden mit ihrem momentanen Sexualleben. Beiden Befragten fehlt das »emotionale Level« (Lucy) in ihrer Sexualität:

> »Also ich bin halt nicht ganz so glücklich damit, dass es halt nur körperlich ist, zurzeit. Denn mir fehlt halt schon dieses Emotionale [...] also nicht ganz so zufrieden. Es wäre schlimmer, wenn ich es gar nicht hätte, glaube ich, da würde es mir wirklich schlechter gehen. Hatte ich auch ein ganzes Jahr nicht letztes Jahr« (Lucy).

> »Wenn ich das als Spiel und Sport nehme, dann ist es ok. Als Intimität und als Form von Ausdruck von Miteinandersein, das lässt sich einfach nicht vergleichen. Das ist was GANZ Anderes« (Irene).

Gleichzeitig schildert Irene aber auch, dass sich ihre Sexualität im Trauerprozess zum Positiven verändert hat. Sie ist mutiger und experimentierfreudiger geworden und hat viel neu dazu gelernt. Es ist ihr früher schwergefallen, über ihre Sexualität zu sprechen und ihre Bedürfnisse zu äußern. Mit ihrem verstorbenen Partner hat hierzu wenig Kommunikation stattgefunden: »Wir waren keine Helden im Reden über Sex und was wir brauchen oder was wir wollen«. Mittlerweile ist das Reden über Bedürfnisse zu einem wichtigen Bestandteil ihrer Sexualität geworden:

> »So das ist eher jetzt so, dass ich sage ›So, also ich will da nicht mehr so sprachlos sein so‹. Also das ist jetzt der Unterschied, dass [...] es jetzt auch ein Thema ist. Und das ist auch ein wichtiges Thema« (Irene).

Dieser Lernprozess fordert sie und kostet sie viel Kraft und Energie. Gleichzeitig ist sie motiviert, mehr über sich selbst zu erfahren und besser mit sich in Kontakt zu sein. Ihr momentanes Sexualleben beschreibt sie wie folgt:

»Und da gibt es Sachen, wo ich sage ›Ja, das war ein nettes Erlebnis (lacht), es war spannend und interessant und es war mal was Anderes oder ganz witzig oder so‹. Und im Wesentlichen, ja, auf einer Skala von eins bis zehn […] ich bin mal freundlich und gebe eine Fünf (lacht)« (Irene).

Kai ist froh darüber, eine Partnerin gefunden zu haben, die seine sexuellen Vorlieben teilt: »Also es ist auch nicht so selbstverständlich, dass man jemand findet, der zu einem passt, ne. Und so gesehen, hat sich meine Sexualität eigentlich ganz gut entwickelt, würde ich sagen.«

Billie ist die Einzige unter den Befragten, die ihre Sexualität bisher nicht mit anderen Personen auslebt. Mit ihrer Solosexualität ist sie einerseits zufrieden, anderseits ist sie auch traurig darüber, dass sie ihre »lustvolle Seite« vernachlässigt und dieser insgesamt wenig Raum gibt. Auf die Frage, wie sich ihre persönliche Sexualität durch den Tod ihrer Partnerin verändert hat, antwortet sie:

»Ich habe […] mich länger auch nicht mehr so damit beschäftigt, was macht mir eigentlich Lust […] was bringt mich auch in irgendwie so eine lustvolle Stimmung, so. Ich glaube, es hat sich schon so verändert, dass ich einerseits einen Mangel erlebe und gleichzeitig mich aber auch nicht so richtig dem zuwende« (Billie).

Obwohl sie sich nach einer nahen Person und einer gemeinsamen Sexualität sehnt, geht sie diesem Wunsch bisher nicht nach:

»Da wirds irgendwie Gründe geben, also es ist jetzt nicht irgendwie, dass ich jetzt denke ›Das darf ich nicht oder das ist irgendwie zu früh‹ oder befürchten müsste, dass andere Personen sagen ›Ja, ne, das geht aber nicht oder […] das ist doch voll komisch‹« (Billie).

Alle Befragten erleben Sexualität mittlerweile eher als Kraftquelle in der Trauerbewältigung. Diese Aussage trifft für Lucy und Irene auf die Anfangszeit allerdings nicht zu:

»Ich glaube, jetzt ist es eine Kraftquelle. Damals am Anfang war es, glaube ich, mehr eine Herausforderung« (Lucy).

»Aber erstmal war es natürlich eine Hürde […]. Ne, als Hürde sehe ich das jetzt eher nicht mehr, jetzt ist das eher so eine Geschichte, wie viele Blümchen wachsen hinterher […]. Und wie viel Energie gibt das Ganze. Oder ist es frustrierend« (Irene).

Für Kai ist Sexualität eine Ressource und er verbindet viel Positives damit. Sich zu spüren, gibt ihm viel Kraft und Energie. Sexualität ist in der Trauerbewältigung für ihn eine wichtige Stütze. Gleichzeitig ist das Thema für ihn aber auch mit Anstrengung verbunden:

> »Also ich erlebe es als Kraftquelle, weil ich Sexualität für eine der größten Energien im Universum halte, Liebe und Sexualität. Ist natürlich eine Herausforderung, es ist beides. Und ich würde sagen, mir persönlich gibt es mehr Kraft […], weil es einfach mich lebendig sein lässt. Also ich fühle mich wahnsinnig lebendig, wenn ich Sexualität lebe. Es macht mir einfach viel Freude. Und Herausforderung ist es natürlich, weil man muss durch diesen ganzen […] Diskurs ›Darf ich das? Kann ich das? Verrate ich wen? Halte ich wen? Bewerte ich wen?‹ und so. Dass muss man ja alles irgendwie für sich klären« (Kai).

Obwohl Billie einen »Mangel« erlebt, bezeichnet sie ihre Sexualität, die sie bisher ausschließlich mit sich selbst auslebt, als Kraftquelle in der Trauerbewältigung, ihren Wunsch nach Sexualität mit anderen Personen hingegen als Herausforderung: »Mhm ich glaube, eher als Kraftquelle tatsächlich […] das, was ich lebe als Kraftquelle, und das, was ich halt so vermisse, das so mit anderen Leuten zu teilen, das halt als Herausforderung.«

Das Thema »Neue sexuelle Wege« veranschaulicht, dass sich die Befragten zu Beginn langsam vortasten und dann immer mehr zutrauen. Auch wenn sie ihre Sexualität mittlerweile eher als Kraftquelle in der Trauerbewältigung bezeichnen, stellt der Weg dahin eine Herausforderung dar.

Neue gesellschaftliche Wege

Grundsätzlich fordert die Mehrheit der Befragten einen gesellschaftlichen Wandel im Umgang mit Sexualität und Trauer. Dieser Wandel erfordert ein Umdenken auf verschiedenen Ebenen. Kai und Irene treten dafür ein, dass Trauernden zunächst ihre sexuellen Rechte[18] zugesprochen werden.

---

18 »Sexuelle Rechte bestehen aus einer Reihe von sexualitätsbezogenen Rechtsansprüchen, die auf dem Recht aller Menschen auf Freiheit, Gleichstellung, Privatsphäre, Selbst-

Dazu gehört auch das Recht auf Zugang zu Informationen[19] über Sexualität in Zeiten der Trauer. Es sollte kein gesellschaftliches Tabuthema bleiben, sondern offen besprochen werden können:

> »Also sagen wir mal so, einen relaxteren Umgang mit Menschen, die in Trauer sind. Das man denen überhaupt zugesteht, dass sie sexuelle Bedürfnisse haben und dass man darüber was erfahren kann als Trauernder. Das ist glaube ich ganz wichtig. Dass man sich nicht wie so ein Alien fühlt, der plötzlich da so Gefühle hat, die nicht angemessen sind. ›Oh, Gott, o Gott, jetzt ist ihm seine Liebste verstorben oder sein Liebster und jetzt will er schon wieder Sex, drei Jahre nach ihrem Tod schon?‹ Dass es nicht so tabuisiert wird oder überhaupt zum Thema gemacht wird« (Kai).

Eine offene Thematisierung von Sexualität und Trauer deckt sich auch mit dem Wunsch von Billie und Lucy. Die beiden Befragten fordern vielfältiges Informationsmaterial und konkrete Angebote für Trauernde:

> »Also ich fände gut, wenn es überhaupt ein Sprechen darüber gäbe und das Thema aufgriffen würde in verschiedene Art und Weise. In Medien oder in Filmen oder in Angeboten tatsächlich« (Billie).

> »Dass Artikel geschrieben werden, dass Leute darüber reden. Das ist das Wichtigste, glaube ich. Das ist ein langsamer Prozess. Die Trauerkultur und die Bestattungskultur, das ist ja auch im Wandel und es dauert aber alles so lange. Dass Bücher vielleicht darüber geschrieben werden [...] dass halt Leute, die davon betroffen sind, sich auch mal belesen können [...] Dokus vielleicht« (Lucy).

Darüber hinaus fordert Billie mehr Vernetzung zwischen den unterschiedlichen Berufsgruppen und Wissenschaftsdisziplinen, aber auch in aktivistischen Zusammenhängen:

---

bestimmung, Integrität und Würde beruhen« (IPPF, 2009, S. 8). Demzufolge hat jeder Mensch – auch Trauernde – das Recht darauf seine Sexualität selbstbestimmt auszuleben, ohne Angst vor Verurteilung haben zu müssen.

19 Das Recht auf Bildung und Information ist in Artikel 8 der International Planned Parenthood Federation (IPPF) verankert, wonach jeder Mensch das Recht auf Zugang zu Informationen über Sexualität hat (vgl. IPPF, 2009, S. 28). Dieser Anspruch kann für Trauernde bisher nicht ausreichend gewährleistet werden.

> »Das sind ja jeweils große Bereiche, da kann man ja nicht sagen, das ist eine Berufsgruppe, die sich darum kümmert, um das Thema Trauer und Tod, aber auch nicht um Sexualität, aber dass in den jeweiligen Kreisen das thematisiert wird. Muss ja nicht nur professionell sein, kann ja auch aktivistisch sein. Dass da eine Vernetzung stattfindet und Personen miteinander sprechen und mehr Verknüpfung irgendwie stattfindet in dem Darüber-Nachdenken« (Billie).

Irene hält die Enttabuisierung des Themas für notwendig, damit sich Trauernde nicht länger für ihre Bedürfnisse nach Nähe und Intimität schämen müssen:

> »Ich glaube, so eine Offenheit und [...] dass es halt kein schambehaftetes Thema ist [...] es ist ein Thema und es gehört dazu so. Und das ist was ganz Normales, ein Bedürfnis nach Nähe zu haben und das halt nicht irgendwo [...] untergehen zu lassen« (Irene).

Billie tritt dafür ein, dass alle Gefühle und Bedürfnisse von Trauernden eine Berechtigung haben, und fordert dafür mehr gesellschaftliche Akzeptanz. Sie wünscht sich eine Gesellschaft, die sich von veralteten Vorstellungen löst und davon wegkommt, trauernde Menschen zu beurteilen und ihr (Sexual-)Verhalten zu bewerten:

> »›Alles kann, nichts muss?‹ (lacht) Also irgendwie so eine möglichst große Offenheit dafür, was für jede Person gerade dran ist, und dass es nichts gibt, was irgendwie nicht darf oder zu früh ist oder zu spät oder zu verwerflich oder so ja, ein bisschen wie bei Trauer, dass irgendwie alles passieren kann und ganz viele Gefühle und Strategien ihre Berechtigung haben und dass es irgendwie keine Person gibt, die weiß wie es gehen könnte oder auch die Berechtigung hätte zu sagen, was irgendwie gut wäre ja, vielleicht so« (Billie).

Die Befragten halten einen gesellschaftlichen Wandel im Umgang mit Sexualität und Trauer für notwendig. Ihre Forderungen sind klar und präzise formuliert und können als Grundlage für einen solchen Wandel dienen.

6 Zusammenführung der Ergebnisse beider Studien

In diesem Kapitel sollen nun die Ergebnisse aus den Interviews mit Abschieds- und Trauerbegleiter*innen (Studie 1) und den Interviews mit Trauernden (Studie 2) in Bezug auf die zuvor dargestellte wissenschaftliche Literatur besprochen werden. Der Aufbau orientiert sich an den drei erarbeiteten Themen der zweiten Studie. Diese lauten: (1) »Erste Zeit der Trauer«, (2) »Im Zwiespalt der Gefühle« und (3) »Gleichzeitigkeit des Trauerns und neuer Sexualität«. Es wird herausgearbeitet, inwiefern die Ergebnisse der vorliegenden beiden Studien mit den wenigen bestehenden Theorien übereinstimmen. Ergänzend dazu werden neue Erkenntnisse beleuchtet, die in der Literatur bisher nicht beschrieben wurden.

(1) Erste Zeit der Trauer

Die von Courtney (1985) aufgestellte Hypothese, dass in der ersten Zeit der Trauer das Lustempfinden entweder deutlich eingeschränkt ist oder stärker ausgeprägt sein kann, lässt sich in den Ergebnissen aus den Interviews mit Trauernden nur teilweise bestätigen. In den ersten Wochen und Monaten nach dem Tod scheint die Libido zwar bei keiner*m der Befragten stärker ausgeprägt zu sein, dennoch wird kurze Zeit später von solosexuellen Aktivitäten berichtet. Auch wenn der Libidoverlust also nicht über einen längeren Zeitraum anhält, werden zunächst keine Sexualkontakte mit anderen Menschen eingegangen, weil dieser Schritt für die Befragten eine zu große Hürde darstellt. Die vorliegenden Ergebnisse geben Hinweise darauf, dass es eine Verknüpfung gibt von (zeitweisem) Libidoverlust mit Verlust anderer positiver Gefühle in Phasen tiefer Trauer.

(2) Im Zwiespalt der Gefühle

Die von Jakoby et al. (2013) und Müller und Willmann (2016) aufgestellte Hypothese, dass soziale Normen einen deutlich größeren Einfluss auf die Verlustreaktionen und den Verarbeitungsprozess haben als bisher angenommen, lässt sich insofern bestätigen, als in den Interviews in Studie 2 deutlich wird, dass verinnerlichte Trauernormen unter den Befragten weitverbreitet sind. Diese spiegeln sich in ihren Ansichten und Einstellungen wider und werden von einer Trauernden sogar explizit als solche benannt. Aus den Interviews geht hervor, dass die Befragten die sozial erlernten Annahmen und Regeln über Trauer vor allen Dingen auf sich selbst anwenden. Zwar macht niemand die Erfahrung, von seinem*ihrem Umfeld für das Ausleben seiner*ihrer Sexualität negativ bewertet zu werden (im Gegenteil, die geschilderten Reaktionen sind eher bestärkend und ermutigend), dennoch wird an verschiedenen Stellen der Interviews deutlich: Die Befragten gestehen sich zunächst selbst nur in geringem Maß zu, ihrer Sexualität einen hohen Stellenwert beizumessen. Das verändert sich mit der Zeit – doch zunächst regulieren sie sich selbst, wofür es laut Müller und Willmann (2016) zahlreiche Gründe geben kann. So kann es beispielsweise vorkommen, dass Betroffene Sanktionen von außen erwarten und diese vorwegnehmen wollen (vgl. Müller & Willmann, 2016, S. 26). Die Befragten stehen also im Trauerprozess vor der komplexen Aufgabe, einerseits herauszufinden, ob und wann sie sich wieder für eine Partner*innenschaft und/oder Sexualität bereit fühlen. Andererseits müssen sie gleichzeitig mit ihrem Fühlen und Handeln den gesellschaftlichen Anforderungen und Erwartungen gerecht werden und ihrer zugewiesenen Trauerrolle möglichst entsprechen.

Laut Hochschild müssen Trauernde in ihrer Rolle einem Skript folgen, was ihrem Fühlen und Handeln eine bestimmte Richtung vorgibt (vgl. Hochschild, 1990, S. 73). Die Interviews zeigen, dass die Interviewten dieser Rolle zwar anfangs entsprechen, dafür aber ihre eigenen Gefühle und Bedürfnisse hintenanstellen müssen. Erschwerend kommt hinzu, dass unklar ist, was diese Trauerrolle ganz genau beinhaltet. Um diese Diskrepanz zu beheben und die tatsächlich empfundenen Gefühle und Bedürfnisse den jeweiligen Normen anzupassen, leisten Trauernde sogenannte Gefühlsarbeit, indem sie beispielsweise ihr Fühlen und Handeln mit dem anderer Trauernder abgleichen (vgl. ebd., S. 74f.). Diese Aufgabe beschreibt die Mehrheit der Befragten als Herausforderung in der Trauerbewältigung.

Hierbei erfahren sie wenig Unterstützung von außen und sind überwiegend auf sich allein gestellt. Sie wenden unterschiedliche Umgangsstrategien an, um der beschriebenen Diskrepanz zu begegnen. Im Laufe der Zeit geraten die Befragten zunehmend in einen Rollenkonflikt und sind immer weniger bereit, ihre (sexuellen) Bedürfnisse hintenanzustellen. Aus den Erzählungen geht hervor, dass es einer aktiven Entscheidung bedarf, um der eigenen Sexualität wieder eine Bedeutung beizumessen. Hierfür muss die bisherige auferlegte Trauerrolle zumindest teilweise abgelegt werden. Dieser Schritt stellt eine Voraussetzung dafür dar, Sexualität wieder mit anderen Menschen ausleben zu können.

Courtney (1985) und Witt-Loers (2017) kommen nach jahrelanger Erfahrung in der Arbeit mit Trauernden zu dem Ergebnis, dass sich Trauernde häufig dafür schämen und schuldig fühlen, wenn sie kurze Zeit nach dem Tod das Verlangen nach Sexualität verspüren. Diese Beobachtung deckt sich auch mit den Erfahrungen der Trauernden aus den Interviews und wurde im Unterthema »Scham- und Schuldgefühle« ausführlich dargestellt. So beschreiben zwei der Befragten, dass die bloße Existenz solcher Gedanken bereits äußerst irritierend ist und Schuldgefühle auslöst, bei einer Befragten auch bei solosexuellen Aktivitäten.

Aus den Interviews geht hervor, dass extreme Scham- und Schuldgefühle insbesondere dann empfunden werden, wenn wieder Sexualkontakte eingegangen werden. Das Eingehen von Sexualkontakten stellt eine besonders große Hürde dar und diese muss aber wiederum überwunden werden, damit Scham- und Schuldgefühle zunehmend in den Hintergrund rücken können. Bei einer Befragten bleiben Scham- und Schuldgefühle aus, was damit erklärt werden kann, dass sie bisher keine Sexualkontakte eingegangen ist.

Laut der ersten Studie dieses Buches ist davon auszugehen, dass Scham- und Schuldgefühle erheblich dazu beitragen, dass es in der Trauerbegleitung nur selten zur konkreten Thematisierung von unerfüllten körperlichen und sexuellen Bedürfnissen kommt. Diese Schlussfolgerung liegt deshalb nahe, weil die Abschieds- und Trauerbegleiter*innen davon ausgehen, dass körperliche/sexuelle Bedürfnisse bei den Trauernden durchaus vorhanden sind. Die fehlende Thematisierung führen die Abschieds- und Trauerbegleiter*innen unter anderem auf die gesellschaftliche Tabuisierung und die damit verbundene Sprachlosigkeit zurück, was sich auch in den Lehrplänen entsprechender Aus- und Weiterbildungen (z. B. Trauerbegleitung) widerspiegelt. Eine Thematisierung fällt somit nicht nur Trauernden schwer, sondern auch den Abschieds- und Trauerbegleiter*innen. Einzelne Abschieds- und Trauerbegleiter*innen hinterfragen kritisch, ob das Thema von ihrer Seite nicht aktiver angesprochen werden müsste, um der Sprachlosigkeit entgegenzuwirken.

Aus der Studie von Kansky (1986) geht hervor, dass bei einem *vorhersehbaren* Tod die verbleibende Zeit häufig dafür genutzt wird, Paargespräche darüber zu führen, wie das Leben für den*die hinterbliebene*n Partner*in nach dem Tod des*der anderen weitergehen kann. Solche Gespräche können dabei helfen, sich wieder guten Gewissens dem Leben und anderen, auch neuen (sexuellen) Beziehungen zuzuwenden (vgl. ebd., S. 315). Das geht auch aus den Ergebnissen der zweiten Studie hervor: Zwei der Befragten fällt es aufgrund eines solchen Gespräches deutlich leichter, einen Umgang mit ihren Schuldgefühlen zu finden als denjenigen Befragten, die ihre*n Partner*in durch einen plötzlichen Tod verloren haben. Diese beiden Befragten haben von ihrem*r Partner*in vor dem Versterben ausdrücklich den Auftrag erhalten, alles dafür zu tun, wieder glücklich zu werden. Die Legitimation des*der verstorbenen Partner*in hilft ihnen dabei, sich wieder auf andere Menschen (sexuell) einzulassen, ohne sich dabei schuldig zu fühlen. Auch wenn ein solches Gespräch nicht stattfinden konnte, weiß eine Befragte um die Erlaubnis ihres verstorbenen Partners. Im Umgang mit Schuldgefühlen scheint es aber einen Unterschied zu machen, ob ein solches Gespräch tatsächlich stattgefunden hat oder ob Vermutungen dazu angestellt werden. Konkret bedeutet dies: Wenn ein solches Gespräch tatsächlich geführt werden konnte, scheinen die Interviewpersonen weniger große Schwierigkeiten zu haben, mit ihren Schuldgefühlen umzugehen.

Aus der Untersuchung von Dyregrov und Gjestad (2011) geht hervor, dass Trauernde verinnerlicht haben, dass sie im Trauerprozess keine Freude empfinden dürfen. Gemeint ist damit auch die Freude an Sexualität (vgl. ebd., S. 299). Die vorliegenden Ergebnisse bestätigen diese Feststellung, denn die Befragten schämen sich für Gefühle von Freude oder sexueller Lust. Sie geraten in einen Gewissenskonflikt, weil sie gleichzeitig verinnerlicht haben, dass solche Gefühle im Trauerprozess nicht angemessen sind. Stroebe und Schut (1999) verdeutlichen aber in ihrem Dualen Prozessmodell, dass positive Gefühle wie zum Beispiel Freude für einen gelingenden Trauerprozess von Bedeutung sind. Solche Momente dienen dazu, sich von der anstrengenden und kräftezehrenden Auseinandersetzung mit dem Verlust zu erholen (vgl. Müller & Willmann, 2016, S. 61f.). Es gibt also Zeiten, in denen sich Trauernde weniger mit dem Verlust beschäftigen, sondern vor allem damit, wie der Alltag weitergehen kann. Dazu gehört auch, sich wieder guten Gewissens dem Leben und anderen, auch neuen sexuellen Beziehungen zuzuwenden. Dennoch hält sich hartnäckig die Auffassung, dass positive und lebensbejahende Gefühle in Zeiten der Trauer unangemessen seien. Dadurch fällt es den befragten Trauernden zunächst schwer, den zuvor beschriebenen Zwiespalt zu überwinden. Das hindert sie zwar nicht daran, solosexuell aktiv zu werden, aber das Eingehen von Sexualkontakten erscheint erst einmal nicht denkbar. Mit fortschreitender Zeit entwickeln die Befragten unterschiedliche Umgangsstrategien, die ihnen die Überwindung des inneren Konflikts ermöglichen. Diese Umgangsstrategien umfassen beispielsweise das Abgleichen des eigenen Fühlens und Handelns mit dem anderer Trauernder oder das Sich-vor-Augen-Führen der Legitimation ihres*ihrer verstorbenen Partners*Partnerin. Diese Vergewisserung erscheint notwendig, um sicherzugehen, dass man sich innerhalb der Normen bewegt. Erneut wird hier die empfundene »Pflicht« (Stubbe, 1985, S. 243) des Trauerns deutlich.

Zunehmend gelangen die Befragten an den Punkt, sich zuzugestehen, dass Freude und (sexuelles) Vergnügen im Trauerprozess eine Berechtigung haben und zum Weiterleben von Bedeutung sind. Dieser Schritt ermöglicht die Wiederaufnahme von Sexualkontakten, was durch das Unterthema »Neue sexuelle Wege« abgebildet wird.

Aus den vorgestellten Interviews mit Abschieds- und Trauerbegleiter*innen in Studie 1 geht hervor, dass Trauernde von der Gesellschaft dafür verurteilt werden, wenn sie zeitnah nach dem Tod des*der Partner*in eine neue (sexuelle) Beziehung eingehen. Dies kann auch zur Folge haben, dass ihnen die Verbundenheit und Liebe zur verstorbenen Person abgesprochen wird. Hier ist eine große Übereinstimmung mit den Ergebnissen aus Studie 2 festzustellen. Die befragten Trauernden berichten zwar nicht von konkreten Negativerfahrungen in ihrem Umfeld, dennoch haben sie die Norm so sehr verinnerlicht, dass sie sich schuldig fühlen und ein schlechtes Gewissen haben. Dadurch, dass die Norm aber mittlerweile an Eindeutigkeit verloren hat, fehlt ein klarer Anhaltspunkt für eine als angemessen bewertete Dauer zur zeitlichen Orientierung: Das Trauerjahr ist zwar aus rechtlicher Perspektive nicht mehr aktuell, dennoch wurde es von der Gesellschaft in den Moralkodex übernommen (vgl. Roser, 2014, S. 41). Diese Uneindeutigkeit wird von den befragten Trauernden wahrgenommen und löst Verunsicherung aus.

Von einer solchen Verunsicherung wird auch in den Interviews mit den Abschieds- und Trauerbegleiter*innen berichtet. Die Ergebnisse aus den Interviews zeigen auf, dass die Abschieds- und Trauerbegleiter*innen versuchen, der Verunsicherung entgegenzuwirken, indem sie der individuellen Trauer Raum geben. Das heißt konkret, dass sie Gefühle und Verhaltensweisen von Trauernden nicht bewerten, sondern ihnen eine Daseinsberechtigung zugestehen.

Aufgrund der gesellschaftlichen Tabuisierung des Themas sind Trauernde mit der Verunsicherung weitestgehend auf sich allein gestellt. Diese Tatsache wird wiederum von der Mehrheit der befragten Trauernden als Belastung empfunden.

(3) Gleichzeitigkeit des Trauerns und neuer Sexualität

Aus der Studie von Radosh und Simkin (2016) geht hervor, dass mehr als 70 Prozent der befragten Frauen die Sexualität mit ihrem Partner vermissen würden, wenn dieser sterben würde. Diese Erkenntnisse werden durch Studie 2 bestätigt, denn alle befragten Betroffenen trauern – teilweise weiterhin – um den Verlust von Intimität und Sexualität *(sexual bereavement)*. Dieser Aspekt wird im Unterthema »Der Schmerz bleibt« aufgegriffen und näher erläutert. Der Schmerz und die Trauer um den Verlust halten also weiterhin an, wenn auch in veränderter Form. Die Interviews mit den Abschieds- und Trauerbegleiter*innen verdeutlichen, dass das Abschiednehmen am offenen Sarg und das Berühren des verstorbenen Körpers in der Trauerbewältigung bedeutsam sind, um sich den Tod als Ganzes und auch den Verlust von Intimität und Sexualität zu vergegenwärtigen. Diese Formen des Abschiednehmens helfen dabei zu realisieren, dass die körperliche Ebene mit der verstorbenen Person nicht wiederkehren wird.

Darüber hinaus konnten Radosh und Simkin (ebd.) in ihrer Studie zeigen, dass die Mehrheit der befragten Frauen mit vertrauten Menschen über die Trauer um die verloren gegangene Intimität und Sexualität sprechen wollen würden (vgl. ebd., S. 26ff.). Diese Erkenntnis deckt sich mit den Ergebnissen der vorliegenden zweiten Studie, denn alle Befragten wünschen sich, über ihre Sexualität im Trauerprozess offen sprechen zu können, was jedoch aufgrund der Tabuisierung des Themas schwer möglich erscheint. Nur einem Befragten gelingt ein solches Sprechen. In einer Trauergruppe und im Freund*innen- und Bekanntenkreis initiiert er Gespräche hierzu, die er als hilfreich empfindet.

Laut Lammer (2014) zeigen neuere Forschungsergebnisse, dass der Trauerprozess nicht beendet sein muss, bevor eine neue (sexuelle) Beziehung eingegangen werden kann. Stattdessen wird vielfach eine Gleichzeitigkeit des Trauerns und des Eingehens neuer (sexueller) Beziehungen beobachtet. Dieses Phänomen deckt sich mit den Ergebnissen des dritten Themas »Gleichzeitigkeit des Trauerns und neuer Sexualität« der zweiten Studie. Bei allen Befragten hält die Trauer um den*die Verstorbene*n weiterhin an und gleichzeitig wenden sich vier von fünf Befragten neuen (sexuellen) Beziehungen zu. Die »vollständige Ablösung« vom Verstorbenen (ebd., S. 36) gilt mittlerweile nicht mehr als Ziel eines gelingenden Trauerprozesses. Somit kann das Eingehen neuer Beziehungen nicht länger als ein Zeichen überwundener Trauer verstanden werden. Darauf machten Klass und Steffen (2018) bereits in den 1990er Jahren mit ihrem Konzept der andauernden Bindung aufmerksam.

Kansky (1986) fand in ihrer Erhebung heraus, dass 20 Prozent der befragten Frauen innerhalb der ersten 14 Monate nach dem Tod wieder Sexualkontakte eingehen. Dabei muss zunächst berücksichtigt werden, dass die Befragungen zu einem deutlich früheren Zeitpunkt im Trauerprozess stattgefunden haben als bei den befragten Trauernden der zweiten Studie dieses Buches. In der zweiten Studie liegt die Verlusterfahrung bei den Befragten etwa zwei bis vier Jahre zurück. Es stellt sich somit die Frage, ob die Ergebnisse miteinander verglichen werden können. Aus der zweiten Studie geht hervor, dass niemand in den ersten 14 Monaten seine*ihre Sexualität mit (einer) anderen Person(en) auslebt. In der Studie von Kansky zeigen diejenigen Befragten, die den Tod vorhersehen konnten (z. B. nach langer Krankheit), eine höhere sexuelle Aktivität und eine stärker ausgeprägte Libido, was mit den Ergebnissen aus Studie 2 nur teilweise übereinstimmt. Die Ergebnisse aus Studie 2 geben zwar Hinweise darauf, dass ein Zusammenhang zwischen einem vorhersehbaren Tod und einer ausgeprägteren sexuellen Aktivität hergestellt werden kann, dennoch lassen sich auf die Libido und das Alter bezogen keine Rückschlüsse ziehen. Nach einem vorhersehbaren Tod gehen zwei Befragte nach anderthalb Jahren wieder Sexualkontakte ein, wohingegen die Befragten nach einem plötzlichen Tod noch ein weiteres halbes Jahr abwarten. Die letzteren Befragten nehmen zwar nach anderthalb Jahren einen Probeversuch vor, müssen dann aber feststellen, dass sie sich für Sexualität mit anderen Personen nicht bereit fühlen. Diese Erfahrung hat dazu geführt, dass sie im folgenden halben Jahr keine Sexualkontakte eingehen.

Dass Körperlichkeit eine Kraftquelle in der Trauerbewältigung sein kann, hat Grützner (2018) aufzeigen können. Seine Überlegungen können anhand der vorliegenden beiden Studien auf sexuelle Aktivitäten übertragen werden, weil diese eine Form der Körperlichkeit darstellen. Trauernden fällt es für gewöhnlich schwer, gedanklich und emotional im Hier und Jetzt zu sein, ohne einen Bezug zur Verlusterfahrung herzustellen (vgl. ebd., S. 102). Das Erspüren des Körpers wie beispielsweise bei sexuellen Aktivitäten kann dabei helfen, sich auf die Gegenwart einzulassen. Solche Pausenmomente sind von Bedeutung, um sich von der anstrengenden und kräftezehrenden Auseinandersetzung mit dem Verlust zu erholen (vgl. Müller & Willmann, 2016, S. 46). Aus den Ergebnissen der Befragung der Trauernden geht hervor, dass die Mehrheit der Befragten Sexualität mittlerweile eher als wohltuend und kräftigend beschreibt, auch wenn die Entwicklung dahin eine Herausforderung darstellte. Wenn sie ihre Sexualität mit anderen Menschen ausleben, dann fällt es den Befragten teilweise weiterhin schwer, im Hier und Jetzt zu sein, ohne an den*die verstorbene*n Partner*in zu denken. So ist partner*innenschaftliche Sexualität nach einer jahrelangen monogamen Beziehung eng mit dieser einen Person verknüpft und es bedarf Zeit, um diese Verknüpfung in die neu ausgelebte Sexualität zu integrieren. Das erklärt auch, warum (partner*innenschaftliche) Sexualität in der ersten Zeit der Trauer eher als Herausforderung empfunden wird und erst nach einiger Zeit zunehmend als Kraftquelle. Mit dem Fortschreiten der Zeit und der geleisteten Trauer-/Gefühlsarbeit können sich die Befragten immer besser auf ihre Sexualpartner*innen einlassen – teilweise ausschließlich auf körperlicher Ebene, ohne eine emotionale Verbindung einzugehen. Das Eingehen von Sexualkontakten stellt für die Befragten zunächst eine größere Herausforderung dar, als solosexuell aktiv zu sein. Einige Wochen oder Monate nach dem Versterben des*der Partner*in leben sie ihre Solosexualität aus, noch lange bevor sie wieder Sexualkontakte eingehen. Weil solosexuelle Aktivitäten weniger mit dem*der verstorbenen Partner*in verknüpft werden, ist es für die Befragten zunächst deutlich einfacher, sich auf diese Form der Sexualität und Körperlichkeit einzulassen und dabei im Hier und Jetzt zu sein.

In den Interviews mit den Abschieds- und Trauerbegleiter*innen zeigt sich, dass Körperlichkeit in der Begleitung von trauernden Menschen auch als Ressource angesehen wird – zumal Trauer im Körper Schmerzen und Symptome auslösen und sich dort festsetzen kann. Die interviewten Abschieds- und Trauerbegleiter*innen sehen den Körper als Transporteur von

Gefühlen, Schmerz, Leid und Bedürfnissen an. Die körperlichen Ausprägungen von Trauer werden innerhalb der Begleitungsgespräche thematisiert und somit wird ihnen ein Raum gegeben. Zudem schildert eine der befragten Abschieds- und Trauerbegleiter*innen, dass sie über achtsames Atmen und Stehen die Trauernden versucht ins Hier und Jetzt zu holen. Dadurch soll die eigene Lebendigkeit wieder mehr gespürt werden. Denn in Zeiten der Trauer tritt die Aufmerksamkeit für den eigenen Körper oftmals in den Hintergrund. Die Mehrheit der Abschieds- und Trauerbegleiter*innen sieht Körperarbeit jedoch nicht als Bestandteil ihrer Arbeit. Mit dem Begriff Körperarbeit meinen sie das Arbeiten mit dem Körper eines Menschen in Form von Bewegungs- und Entspannungsangeboten. Auch wenn dem Großteil der Befragten geeignete Qualifikationen und Zusatzausbildungen für Körperarbeit fehlen, erkennen sie die Bedeutsamkeit und den Mehrwert entsprechender Angebote an. So werden innerhalb der Interviews Tanzen, Yoga und Klangschalenmassagen als hilfreiche Angebote erwähnt. Diese würden dann aber von jeweils darin ausgebildeten Personen durchgeführt. Auch die Arbeit von Sexarbeiter*innen, Sexualbegleiter*innen und Berührer*innen findet innerhalb der Interviews Erwähnung.

Zusammenfassend lässt sich festhalten, dass Sexualität in der Trauerbewältigung sowohl eine Herausforderung als auch eine Kraftquelle für die Befragten darstellt. In der Kraft der Körperlichkeit sieht Grützner (2018) das Potenzial, sich körperlich, geistig und emotional von dort wegzubewegen, wo man sich nicht länger aufhalten möchte (vgl. ebd., S. 46). Wenn die befragten Trauernden sexuell aktiv sind, dann gelingt es ihnen unterschiedlich gut, sich wegzubewegen. Wenn es gelingt, kann Sexualität auch eine Selbstwirksamkeitserfahrung darstellen.

7 Und nun?

> »Es ist das Anbahnen eines Themas in der Hoffnung auf Resonanz: dass sich vorhandene Wege auftun, dass Fachleute und Betroffene sich zu Wort melden und dazu beitragen, die ›schreiende Stille nachts‹ (und tags!) zu beenden.«
>
> *Roser (2014, S. 8)*

7.1 Schlussfolgerungen

Wir wollen mit diesem Buch das sichtbar und besprechbar machen, was schon so lange Zeit im Verborgenen liegt: Sexualität, Körperlichkeit und Intimität in Abschieds- und Trauerprozessen. Die vorgestellten Ergebnisse der durchgeführten Interviews geben erste wichtige Einblicke in eben diese Erfahrungsräume.

Die Interviews mit Abschieds- und Trauerbegleiter*innen (Studie 1) zeigen, dass im Kontext von Abschied und Trauer Körperlichkeit, Intimität und Sexualität zunächst als Nebensächlichkeiten erlebt werden können und in ihrer Bedeutung somit oftmals unterschätzt werden. Es wird deutlich, dass der Körper als Medium einen wichtigen Stellenwert im Abschieds- und Trauerprozess einnehmen kann. Menschen begegnen sich, nehmen Abschied, betrauern und erleben sich auf einer körperlichen Ebene. Der Körper kann dabei viele verschiedene Rollen einnehmen. Ob lebendig oder tot. Im Sterbeprozess tritt aus ihm das Leben. Er ist es, der – neben der Seele – anderen Menschen vertraut ist und er ist es, der – nach dem Tod – von den Hinterbliebenen vermisst wird. Durch den Körper werden aufseiten der Trauernden Verlust und Trauer leibhaftig gespürt. In ihm wird die Lebendigkeit gefühlt. Durch ihn kann zwischenmenschlicher Kontakt (neu) entstehen. Und durch ihn kann der trauernde Mensch zurück ins Leben finden. Somit sind es Körperlichkeiten, die das Begreifen von Sterben und Tod und das Spüren und Ausdrücken von Trauer ermöglichen oder unterstützen können. Die Interviews mit Abschieds- und Trauerbegleiter*innen machen allerdings auch deutlich, dass es in der Abschieds- und Trauerarbeit nicht unbedingt Körperlichkeit braucht, um Intimität und Vertrauen zu erzeugen – auch wenn es für die Prozesse des Begreifens hilfreich und bedeutsam sein kann.

Mit Blick auf das Thema der sexuellen Bedürfnisse konnten die Interviews mit Abschieds- und Trauerbegleiter*innen keine ausführlichen Einblicke in das Erleben von Abschiednehmenden und Trauernden ermöglichen, da es innerhalb der Begleitungsgespräche selten zu konkreten Äußerungen kommt – was im Umkehrschluss allerdings nicht bedeutet, dass Sexualität grundsätzlich kein Thema ist. In den Momenten, in denen Sexualität thematisiert wird, ist es für Abschiednehmende und Trauernde von großer Bedeutung, beim Gegenüber auf ein offenes Ohr und Akzeptanz zu stoßen.

Mit Blick auf das Thema Körperlichkeit wurde in Studie 1 deutlich, dass der professionelle, praktische Umgang mit Körperlichkeit in der Abschieds- und Trauerarbeit unterschiedlich ist. So gibt es Begleiter*innen, die durchaus körperlich tätig werden: in der Sterbebegleitung, wenn Sterbende berührt werden, um ein Zeichen gegen das Gefühl des Alleinseins zu setzen; im Bestattungsprozess, in dem es um den Abschied vom toten Körper geht; in der Trauerbegleitung, wenn Klient*innen umarmt werden. So gibt es aber auch Begleiter*innen, die körperlich nicht tätig werden, um Grenzüberschreitungen und den missbräuchlichen Umgang mit Körperlichkeit zu vermeiden. Intimität und Begegnung werden hier über die verbale Kommunikation ermöglicht und dem Körper wird somit über die gesprochene Sprache der nötige Raum gegeben.

An dieser Stelle kann festgehalten werden, dass Sorge und Unsicherheit beim Thema möglicher Grenzüberschreitungen durchaus ihre Berechtigung haben. Die große Wichtigkeit, auch dieses Thema in der Aus- und Weiterbildung von Abschieds- und Trauerbegleiter*innen zu thematisieren, wird somit erkennbar. Sexualisierte Grenzüberschreitungen und Machtmissbrauch sind Themen, die unsere gesamte Gesellschaft betreffen und dementsprechend auch vor der Abschieds- und Trauerarbeit keinen Halt machen – zumal die Abschiednehmenden und Trauernden sich in einer absoluten Ausnahmesituation befinden und damit unter Umständen noch weniger Möglichkeiten haben, sich gegen Grenzüberschreitungen zur Wehr zu setzen. Umso wichtiger ist es also, dass auch das Thema der sexualisierten Grenzüberschreitungen und Gewalt zukünftig in der Aus- und Weiterbildung verstärkt aufgegriffen und somit den Begleiter*innen eine größere Handlungssicherheit vermittelt wird. Denn auch hier gilt: Sprachlosigkeit führt zu Unsicherheit und Intransparenz, wohingegen Sprechen und Austausch mehr Klarheit und Sicherheit für das eigenen Handeln bewirken.

Zurück zum Thema Sexualität: Betrachtet man sowohl die Untersuchungen, die im zweiten Kapitel beschrieben werden, als auch die vorgestellten Ergebnisse der Interviews mit Abschieds- und Trauerbegleiter*innen, wird deutlich: Wir wissen zu wenig über das konkrete Erleben von Trauernden auf ihre Sexualität bezogen. Um Einblicke zu erhalten, muss man Trauernde zu Wort kommen lassen. Und dies wurde wiederum durch die zweite Studie, die in diesem Buch vorgestellt wurde, ermöglicht. Die Forschungslücke, die es in Hinblick auf Sexualität und Trauer gibt, wird somit ein Stück weit geschlossen.

Ziel der zweiten Studie war es, die Bedeutung von Sexualität und Intimität im Trauerprozess nach Partner*innenverlust durch Tod zu erforschen. In den Ergebnissen konnten verschiedene Gemeinsamkeiten im Trauerprozess von Menschen, die ihre*n Partner*in durch Tod verloren haben, festgestellt werden. So hat die Untersuchung gezeigt, dass die Trauer um die verloren gegangene Sexualität mit dem*der Verstorbenen *(sexual bereavement)* für alle Befragten im Trauerprozess präsent ist. Sie unterscheidet sich jedoch im Hinblick auf den Zeitpunkt, die Intensität und das Erleben. Das Ausleben von Sexualität hingegen spielt unmittelbar nach dem Tod des*der Partner*in nur eine untergeordnete Rolle, es gewinnt aber zunehmend an Bedeutung. Kurz nach dem Tod der*des Partner*in ist das Eingehen von Sexualkontakten für die Befragten keine Option, weshalb sie sich alle ihrer Sexualität über solosexuelle Aktivitäten annähern. Diese nehmen im Trauerprozess vorübergehend eine wichtige Rolle ein, bis die Trauernden ihre Sexualität wieder mit anderen Personen ausleben.

Aus den Ergebnissen dieser Studie geht auch hervor, dass Trauernormen einen großen Einfluss auf den Trauerprozess haben und diesen deutlich erschweren. Die Befragten fühlen sich zunächst daran gehindert, Sexualkontakte einzugehen, weil eine Gleichzeitigkeit des Trauerns und des Eingehens neuer (sexueller) Beziehungen als widersprüchlich erscheint bzw. gesellschaftlich als etwas Widersprüchliches angesehen wird. Dadurch geraten die Trauernden in einen inneren Konflikt, der von Scham- und Schuldgefühlen geprägt ist. Um ihren sexuellen Bedürfnissen eine größere Bedeutung beimessen zu können, müssen die Befragten die gesellschaftlich auferlegte Trauerrolle teilweise ablegen. Dieser Schritt stellt eine Voraussetzung dafür dar, wieder Sexualkontakte eingehen zu können. Die Befragten erleben ihn als eine Herausforderung, die teilweise mit großer Verunsicherung einhergeht.

Die Ergebnisse machen deutlich, dass das Pendeln zwischen verlustorientierter Bewältigung und wiederherstellungsorientierter Bewältigung notwendig für einen gelingenden Trauerprozess ist. So erleben alle Befragten die Trauer um den*die Verstorbene*n *gleichzeitig* mit dem Eingehen neuer (sexueller) Beziehungen und/oder neuer Sexualkontakte. Mit ihrem jetzigen Sexualleben sind die Befragten nur teilweise zufrieden. Dennoch beschreiben sie ihre Sexualität mittlerweile eher als Kraftquelle in der Trauerbewältigung.

Es stellt sich heraus, dass es – solange Sexualität und Trauer gesellschaftlich als Widersprüche angesehen werden – Trauernden schwerfällt, ihren Bedürfnissen nach Sexualität eine Bedeutung beizumessen und diese ungehindert auszuleben. Auch Trauernde haben das Recht ihre Sexualität selbstbestimmt zu leben, ohne Angst vor Verurteilung haben zu müssen. Das kann nur dann gewährleistet werden, wenn Sexualität in Zeiten von Abschied und Trauer aus der Tabuzone gerückt wird und nicht länger als ein Widerspruch verstanden wird. Hierfür bedarf es eines gesellschaftlichen Wandels, an dem die Sexualwissenschaft maßgeblich beteiligt sein sollte. Ein erster Schritt in diese Richtung wurde mit dem vorliegenden Buch geleistet.

7.2 Ausblick

Die Inhalte dieses Buches können in viele verschiedene Richtungen weitergedacht werden. Während die Geburt eines Menschen in der Regel mit Glücksgefühlen und positiver Emotionalität verbunden ist, sind das Sterben und der Tod meist mit gegenteiligen Gefühlen verknüpft. So erleben Sterbende und Trauernde meist Traurigkeit, Angst, Verlustgefühle und Schmerzen. Daher wird eine angemessene, feinfühlige und sensible Annäherung an das Thema benötigt – beispielsweise in Form von Angeboten der Sexuellen Bildung für Personen, die in der Abschieds- und Trauerarbeit tätig sind. Die Ergebnisse haben auch herausgestellt, dass aufgrund der vulnerablen Situation der Klient*innen Personen, die mit ihnen arbeiten, einen entsprechenden Ausbildungshintergrund im Kontext von Trauerarbeit haben sollten, damit sie über ein grundlegendes Verständnis für die Situation trauernder Menschen verfügen, aufkommende Emotionen angemessen auffangen und professionell mit den Grenzen aller beteiligten Personen umgehen können.

Die zweite Studie ist die erste Untersuchung im deutschsprachigen Raum, die Trauernde nach Partner*innenverlust über (ihre) Sexualität zu

Wort kommen lässt. Weil die Betroffenenperspektive in bisherigen Forschungsprojekten zu kurz kommt, sollte das Ziel zukünftiger Forschung sein, diese gezielt einzubeziehen, damit vielfältige Perspektiven von Trauernden auf (ihre) Sexualität abgebildet werden. Die Ergebnisse geben konkrete Hinweise darauf, dass Solosexualität im Trauerprozess (vorübergehend) für die Annäherung an partner*innenschaftliche Sexualität eine wichtige Rolle spielt. Ansonsten ist bisher wenig über die Solosexualität von Trauernden bekannt. Um differenziertere Einblicke zu bekommen, sollten künftige Studien hier anknüpfen.

Da sich Trauerprozesse über einen langen Zeitraum erstrecken, würde es sich anbieten, eine Langzeitstudie durchzuführen, um die Perspektiven von Trauernden zu unterschiedlichen Zeitpunkten abzubilden. Dadurch können Entwicklungen und Veränderungen in der Sexualität von Trauernden aufgezeigt werden.

Die Ergebnisse der zweiten Studie haben gezeigt, dass alle Befragten ein erfülltes Beziehungs- und Sexualleben mit ihrem*ihrer verstorbenen Partner*in geführt haben. Deshalb fehlen Perspektiven von Trauernden, die in einer unglücklichen Partner*innenschaft lebten und/oder mit ihrem Sexualleben unzufrieden waren. Welche Unterschiede sich daraus ergeben, sollte zukünftige Forschung untersuchen.

7.3 Handlungsempfehlungen

Aus den vorgestellten Ergebnissen lassen sich zahlreiche Handlungsempfehlungen für die Praxis ableiten. Die befragten Trauernden wünschen sich, dass Sexualität in der Trauer offen thematisiert werden kann und nicht länger tabuisiert wird. Deshalb werden Lern- und Reflexionsräume benötigt, die ein solches Sprechen ermöglichen. Die Interviews und eine ausführliche Internetrecherche haben ergeben, dass solche Räume bisher fehlen. Daher wäre es wünschenswert, dass bestehende oder neu konzipierte Einzel- und Gruppenangebote für Trauernde das Thema Sexualität aufgreifen, um die Sprachlosigkeit zu überwinden. Dafür bedarf es des Austauschs und einer engen Zusammenarbeit zwischen den unterschiedlichen Berufsgruppen, die sich der Themen Sexualität und Trauer annehmen. Es müssen Weiterbildungsangebote unter anderem für Abschieds- und Trauerbegleiter*innen sowie Sexualwissenschaftler*innen geschaffen und ausgebaut werden, um eigene Berührungsängste mit der Thematik abzubauen und sich entsprechende Kompetenzen anzueignen, die eine Thematisierung und Reflexion vereinfachen. Zentraler Bestandteil solcher Angebote sollte die Reflexion eigener verinnerlichter Norm- und Moralvorstellungen sein, um Trauernden mit einer unterstützenden Haltung begegnen zu können, sodass Scham- und Schuldgefühle nicht weiter verstärkt werden. Die Themen persönliche Grenzen und sexualisierte Grenzüberschreitungen sollten in diesem Rahmen unbedingt ebenfalls aufgegriffen, bearbeitet und reflektiert werden. Es wäre sinnvoll, das Thema Sexualität und Trauer bereits in den Lehrplänen entsprechender Aus- und Weiterbildungen (z. B. angehender Sexualwissenschaftler*innen oder Trauerbegleiter*innen) fest zu verankern, was bisher selten üblich ist und ein erster wichtiger Schritt in Richtung einer Enttabuisierung wäre.

Weil das Sprechen über Sexualität (und insbesondere in Zeiten der Trauer) für manche Menschen eine zu große Hürde darstellt, ist es wichtig, auch nonverbale Zugänge zu schaffen, um eine Auseinandersetzung anzubieten. Die befragten Trauernden wünschen sich zudem die Thematisierung des Themas in Literatur, Film und Medien.

Auch Trauernde haben das Recht, über das Thema Sexualität informiert zu werden, doch das kann bisher nicht ausreichend zugesichert werden, da entsprechendes Informationsmaterial fehlt. Zwar hat eine Thematisierung (z. B. in Artikeln oder Podcasts) in den vergangenen Jahren zugenommen, aber es bleibt weiterhin ein unterbeleuchtetes Thema mit einer geringen Reichweite. Es wird bisher nur ein relativ kleiner Adressat*innenkreis erreicht, deshalb sollten Informationen zukünftig gut zugänglich bereitgestellt werden.

Zudem sollte der Raum geöffnet werden für die sexualwissenschaftliche Betrachtung und für weitere Schritte in Richtung gesamtgesellschaftlicher Wandlung und Akzeptanz – um Menschen die Möglichkeit zu geben, eigene Bedürfnisse und Wünsche zu verbalisieren, ihnen die nötige Aufmerksamkeit zu geben und beim Gegenüber ein offenes Ohr und Gesprächsbereitschaft zu finden; um »die schreiende Stille nachts« (Roser, 2014, S. 8) daheim in eine behutsame Aufgeschlossenheit des Außen zu verwandeln; für einen selbstbewussten und selbstbestimmten Umgang mit dem Thema; damit sich Trauernde in einer weniger normierenden und verurteilenden Gesellschaft bewegen können und ihnen sowie ihren Bedürfnissen mit Wohlwollen und Verständnis begegnet wird.

Literatur

Biskup, V., Jaschick, M., Sautter, K. & Thumm, L. (2018). *Migration nach Deutschland und Rückkehr in den Kosovo.* Wiesbaden: Springer Fachmedien.

Braun, V. & Clarke, V. (2006). Using thematic analysis in psychology. *Qualitative Research in Psychology, 3*(2), 77–101.

Courtney, M. (1985). The sexual needs of widowed people. *Bereavement Care, 4*(1), 8–11.

DGPs – Deutsche Gesellschaft für Psychologie (2023). Berufsethische Richtlinien DGPs/BDP. https://www.dgps.de/die-dgps/aufgaben-und-ziele/berufsethische-richtlinien/ (14.06.2023).

Diekmann, A. (2012). *Empirische Sozialforschung – Grundlagen, Methoden, Anwendungen.* Reinbek bei Hamburg: Rowohlt.

Doka, K. (2014). Entrechtete Trauer. *Leidfaden. Fachmagazin für Krisen, Leid, Trauer, 3,* 4–8.

Döring, N. & Bortz, J. (2016). *Forschungsmethoden und Evaluation in den Sozial- und Humanwissenschaften.* 5. vollst. überarb., aktualis. u. erw. Aufl. Berlin u. Heidelberg: Springer.

Duden (2023a). Norm. https://www.duden.de/rechtschreibung/Norm (23.06.2023).

Duden (2023b). Intimität. https://www.duden.de/rechtschreibung/Intimitaet (20.05.2023).

Duden (2023c). Vergnügen. https://www.duden.de/rechtschreibung/Vergnuegen (20.05.2023).

Dyregrov, A. & Gjestad, R. (2011). Sexuality Following the Loss of a Child. *Death Studies, 35*(4), 289–315.

Feldmann, K. (2010). *Tod und Gesellschaft. Sozialwissenschaftliche Thanatologie im Überblick.* 2. überarb. Aufl. Wiesbaden: VS Verlag für Sozialwissenschaften.

Göckenjan, G. (2008). Sterben in unserer Gesellschaft – Ideale und Wirklichkeiten. *Aus Politik und Zeitgeschichte, 4,* 7–14.

Grützner, F. (2018). *Trauer und Bewegung. Von der Kraft der Körperlichkeit.* Göttingen: Vandenhoeck & Ruprecht.

Gugutzer, R. (2015). *Soziologie des Körpers.* 5. überarb. Aufl. Bielefeld: transcript.

Helfferich, C. (2011). *Die Qualität qualitativer Daten. Manual für die Durchführung qualitativer Interviews.* 4. Aufl. Wiesbaden: VS Verlag für Sozialwissenschaften,

Heller, A. & Wegleitner, K. (2017). Sterben und Tod im gesellschaftlichen Wandel. *Bundesgesundheitsblatt, 60,* 11–17.

Hochschild, A. R. (1990). *Das gekaufte Herz. Zur Kommerzialisierung der Gefühle.* Frankfurt. a. M.: Campus.

IPPF – International Planned Parenthood Federation (2009). Sexuelle Rechte: Eine IPPF-

Erklärung. London. https://www.ippf.org/sites/default/files/ippf_sexual_rights_declaration_german.pdf (20.05.2023).

Jakoby, N., Haslinger, J. & Gross, C. (2013). Trauernormen. Historische und gegenwärtige Perspektiven. *SWS-Rundschau, 53*(3), 253–274.

Kaiser, R. (2014). *Qualitative Experteninterviews – Konzeptionelle Grundlagen und praktische Durchführung.* Wiesbaden: Springer VS.

Kansky, J. (1986). Sexuality of Widows: A Study of the Sexual Practices of Widows during the First Fourteen Months of Bereavement. *Journal of Sex & Marital Therapy, 12*(4), 307–321.

Kast, V. (1982). *Trauer. Phasen und Chancen des psychischen Prozesses.* Stuttgart: Kreuz Verlag.

Keil, A. & Scherf, H. (2016). *Das letzte Tabu – Über das Sterben reden und den Abschied leben lernen.* Freiburg: Herder.

Kellehear, A. (2017). Current social trends and challenges for the dying person. In N. Jakoby & M. Thönnes (Hrsg.), *Zur Soziologie des Sterbens. Aktuelle theoretische und empirische Beiträge* (S. 11–27). Wiesbaden: Springer VS.

Kitzinger, S. (1985). *Woman's Experience of Sex.* London: Penguin Books.

Klass, D. & Steffen, E.M. (2018). *Continuing Bonds in Bereavement. New Directions for Research and Practice.* New York u. London: Routledge.

Kruse, J. (2015). *Qualitative Interviewforschung. Ein integrativer Ansatz.*, 2. überarb. u. ergänzte Aufl. Weinheim: Beltz.

Kübler-Ross, E. (1969). *Interviews mit Sterbenden.* Gütersloh: GTB Sachbuch.

Lackner, R. (2021). *Stabilisierung in der Traumabehandlung. Ein ganzheitliches methodenübergreifendes Praxisbuch.* Berlin: Springer.

Lammer, K. (2014). *Trauer verstehen. Formen, Erklärungen, Hilfen.* 4. Aufl. Berlin: Springer.

Morgan, S. (2007). *Wenn das Unfassbare geschieht. Vom Umgang mit seelischen Traumatisierungen. Ein Ratgeber für Betroffene, Angehörige und ihr soziales Umfeld.* Stuttgart: Kohlhammer.

Müller, H. & Willmann, H. (2016). *Trauer: Forschung und Praxis verbinden. Zusammenhänge verstehen und nutzen.* Göttingen: Vandenhoeck & Ruprecht.

Müller, W. (2013). *Intimität. Vom Reichtum ganzheitlicher Bewegung.* Topos: Kevelaer.

Neuser, S. & Wirthmann, O. (Hrsg.). (2019). *Lehrbuch Bestattung in Deutschland.* 3. überarb. Aufl. Düsseldorf: Fachverlag des deutschen Bestattungsgewerbes.

Paul, C. (2011). *Neue Wege in der Trauer- und Sterbebegleitung. Hintergründe und Erfahrungsberichte für die Praxis.* Vollst. überarb. u. erg. Neuaufl. Gütersloh: Gütersloher Verlagshaus.

Paul, C. (2018). *Ich lebe mit meiner Trauer.* 1. Aufl. Gütersloh: Gütersloher Verlagshaus.

Paul, C. (2019). *Wir leben mit deiner Trauer. Für Angehörige und Freunde.*, 2. Aufl. Gütersloh: Gütersloher Verlagshaus.

Paul, C. (2022). *Schuldzuweisungen im Trauerprozess nach einem Suizid.* [AGUS-Schriftenreihe: Hilfen in der Trauer nach Suizid.] Hrsg. v. AGUS e.V. – Angehörige um Suizid. 3. überarb. Aufl. https://www.agus-selbsthilfe.de/fileadmin/common/broschueren/downloads/2022-02_schuld.pdf (05.09.2023).

Price, J. (2019). *Sex after Grief. Navigating your Sexuality after Losing your Beloved.* Coral Gables: Mango Publishing Group.

Przyborski, A. & Wohlrab-Sahr, M. (2014). *Qualitative Sozialforschung. Ein Arbeitsbuch.* 4. erw. Aufl. München: Oldenbourg Verlag.

Queer-Lexikon (2023). Polyamorie. https://queer-lexikon.net/2017/06/08/polyamorie/ (20.05.2023).

Quindeau, I. (2014). *Sexualität.* Gießen: Psychosozial-Verlag.

Quindeau, I. (2008). *Verführung und Begehren. Die Psychoanalytische Sexualtheorie nach Freud*. Stuttgart: Klett-Cotta.

Radosh, A. & Simkin, L. (2016). Acknowledging sexual bereavement: a path out of disenfranchised grief. *Reproductive Health Matters, 24*(48), 25–33.

Roser, T. (2014). *Sexualität in Zeiten der Trauer. Wenn die Sehnsucht bleibt.* Göttingen: Vandenhoeck & Ruprecht.

Ruland, T. (2015). *Die Psychologie der Intimität. Was Liebe und Sexualität miteinander zu tun haben.* Stuttgart: Klett-Cotta.

Schnell, M. & Dunger, C. (2018). *Forschungsethik – Informieren, reflektieren, anwenden.* 2. überarb. Aufl. Göttingen: Hogrefe.

Scheu, B. & Autrata, O. (2018). *Das Soziale – Gegenstand der sozialen Arbeit.* Wiesbaden: Springer VS.

Sielert, U. (2005). *Einführung in die Sexualpädagogik.* 2. erw. u. aktualis. Aufl. Weinheim u. Basel: Beltz.

Sörries, R. (2012). *Herzliches Beileid. Eine Kulturgeschichte der Trauer.* Darmstadt: Primus Verlag.

Streeck, N. (2017). Sterben, wie man gelebt hat. Die Optimierung des Lebensendes. In N. Jakoby & M. Thönnes (Hrsg.), *Zur Soziologie des Sterbens. Aktuelle theoretische und empirische Beiträge* (S. 29–48). Wiesbaden: Springer VS.

Stroebe, M. S. & Schut, H. (1999). The dual process model of coping with bereavement: rationale und description. *Death Studies, 23*(3), 197–224.

Stroebe, M. S. & Schut, H. (2010). The dual process model of coping with bereavement: a decade on. *OMEGA – Journal of Death and Dying, 61*(4), 273–289.

Stroebe, M., Schut, H. & Boerner, K. (2017). Cautioning health-care professionals: bereaved persons are misguided through the stages of grief. *OMEGA-Journal of Death and Dying, 74*(4), 455–473.

Stubbe, H. (1985). *Formen der Trauer. Eine kulturanthropologische Untersuchung.* Berlin: Dietrich Reimer Verlag.

Thieme, F. (2019). *Sterben und Tod in Deutschland. Eine Einführung in die Thanatosoziologie.* Wiesbaden: Springer VS.

Tirschmann, F. (2017). *Der Alltag des Todes. Perspektiven einer wissenssoziologischen Thanatologie.* Wiesbaden: Springer VS.

Walter, T. (1991). Modern death – taboo or not taboo? *Sociology Journal of The British Sociological Association, 25*(2), 293–310.

Witt-Loers, S. (2017). *Nie wieder wir. Weiterleben von Frauen nach dem Tod ihres Partners.* Göttingen: Vandenhoeck & Ruprecht.

Anhang

Interviewleitfaden der Interviews mit Abschieds- und Trauerbegleiter*innen

Themenblock Nr. 1 »Person & Professionalisierung«	
Erzählstimulus	
Ich interviewe Sie in Ihrer Rolle als Expert*in und möchte Sie daher in diesem Kontext mit der ersten Frage näher kennenlernen: *Wer sind Sie, wo und als was arbeiten Sie und was waren Ihre Beweggründe Ihre aktuelle Tätigkeit auszuführen?*	
Checkliste	Nachfragen
• Angaben zur Person • ehrenamtliche Tätigkeit(en) und/oder Erwerbstätigkeit(en) • Funktion/Rolle • Arbeitsbereich • konkrete, praktische Einblicke • Einfluss im Arbeitsfeld	• Welche Ausbildung(en) haben Sie dafür gemacht? • Wie und wann sind Sie in den Beruf/in das Ehrenamt eingestiegen und welche Gründe hatten Sie? • Was beinhaltet Ihre Arbeit?

Themenblock Nr. 2 »Definitionen«	
Erzählstimulus	
Was verstehen Sie persönlich unter Sexualität, Intimität und Körperlichkeit?	
Checkliste	Nachfragen
• eigene Definition • eigene Auseinandersetzung mit der Thematik • Begriffe können nacheinander betrachtet werden.	• Was bedeutet für Sie intim mit jemandem sein? • Was beinhaltet für Sie Körperlichkeit? • Was ist Sexualität? • Was ist Intimität?

Themenblock Nr. 3 »Rolle des Körpers«	
Erzählstimulus	
Welche Bedeutung bzw. welchen Stellenwert nimmt der Körper eines Menschen in Ihrer Arbeit/Institution ein?	
Checkliste	Nachfragen
• Körper als Medium, Erfahrungsraum, Kontakt • Mensch und Körper in verschiedenen Rollen • Sexual-/Lebenspartner*in	• Welche Möglichkeiten existieren für die Menschen, um körperlich zu werden? • Was wird institutionell unter Körper verstanden?

Themenblock Nr. 4 »Arbeitserfahrungen & Bedürfnisse«	
Erzählstimulus	
*Welche konkreten Erfahrungen haben Sie in Ihrem Arbeitsalltag gemacht, mit Blick auf Ihre Klient*innen/Patient*innen im Kontext von Intimität und Körperlichkeit?*	
Checkliste	Nachfragen
• Erlebnisse • Erfahrungsberichte • Irritationen • Anekdoten	• Von welchen konkreten Bedürfnissen Ihrer Klient*innen können Sie berichten? • Wie haben/hätten Sie in dem Moment reagiert? • Wie würden Sie das Ausleben von Intimität in Ihrem Arbeitsfeld beschreiben bzw. ist dies Ihrer Meinung nach möglich?

Themenblock Nr. 5 »Be-Greifen & Vergegenwärtigung«	
Erzählstimulus	
Was hilft dem Menschen, das eigene Sterben zu begreifen, und was hilft den Weiterlebenden/Angehörigen, den Abschied und Tod einer nahestehenden Person zu begreifen?	
Checkliste	Nachfragen
• eigene Erfahrungen • Rituale? • mit den Händen anfassen • sich dazulegen • Berührungen und Liebkosungen • Berührungsängste	• Welche Reaktionen der Menschen beobachten Sie? • Gibt es bei Ihnen Raum und Zeit dafür, dass sich Menschen von Verstorbenen verabschieden können? Wenn ja, wie? • Gibt es Berührungsängste und wenn ja, helfen Sie diese abzubauen bzw. wie? • Haben Sie bestimmte Rituale für diese Momente?

Themenblock Nr. 6 »Thematisierung & Gesprächsbereitschaft«	
Erzählstimulus	
*Wurden Sie von Ihren Klient*innen/Patient*innen schon mal auf das Thema Sexualität, Intimität und Körperlichkeit angesprochen?*	
Checkliste	Nachfragen
• Erfahrungen • Berichte durch Klient*innen • aktive Ansprache durch Expert*innen	• Was wurde wie angesprochen? • Wenn ein*e Klient*in Ihnen von bestimmten Bedürfnissen berichtet, wie reagieren Sie bzw. würden Sie darauf reagieren? • Welches Wissen fehlt Ihnen für eine adäquate Thematisierung und Bearbeitung des Themas in Ihrer Arbeit? • Wurden Intimität, Körperlichkeit, Sexualität in Ihrer Ausbildung thematisiert?

Themenblock Nr. 7 »Normvorstellungen«	
Erzählstimulus	
Welche (gesellschaftlichen) Reaktionen haben Sie erlebt, die Ihnen im Kontext von Intimität und Körperlichkeit innerhalb Ihrer Arbeit begegnen?	
Checkliste	Nachfragen
• Reaktionen z. B. von Angehörigen, vom sozialen Umfeld, von Kolleg*innen • Offenheit • Moralisierung	• Würden Sie Ihr Arbeitsfeld als offen für die Thematik bezeichnen (z. B. im Gespräch mit Kolleg*innen, Vorgesetzten etc.)?

Themenblock Nr. 8 »Offen«	
Erzählstimulus	
Gibt es noch weitere Aspekte in Ihrer Arbeit und Berufserfahrung, über die wir noch nicht gesprochen haben, die aber aus Ihrer Perspektive relevant sind für dieses Thema?	
Checkliste	Nachfragen
• nicht Angesprochenes, das erwähnt werden sollte • neue Perspektive	• Was sollte ich auf jeden Fall erwähnen? • Als Sie sich für das Interview gemeldet haben, hatten Sie bestimmt Vorstellungen und Ideen mit Blick auf unser Treffen. Konnte das Interview dem entsprechen? • Haben Sie etwas ganz anderes erwartet? Thematisch? Von den Fragen her? • Haben Sie Fragen an mich? Vielen herzlichen Dank für das Interview und den Einblick in Ihre Arbeits- und Erfahrungswelt.

Interviewleitfaden der Interviews mit Trauernden

Erzählimpuls	Checkliste	konkrete Nachfragen
1 Sexualität und Intimität zu Lebzeiten		
Damit ich mir ein erstes Bild von Ihrer Beziehung mit XXX machen kann, wäre es schön, wenn Sie mir ein bisschen über sich als Paar und allgemein zu Ihrer Beziehung erzählen können.	• Was hat für Sie die Partner*innenschaft ausgemacht? • Besonders interessieren mich in meiner Studie auch die Themen Sexualität und Intimität. Wie würden Sie das gemeinsame Sexualleben beschreiben? • Wie haben Sie Intimität miteinander gelebt? • Welche Wichtigkeit haben Sie Intimität und Sexualität innerhalb der Beziehung beigemessen?	
2 Sexualität nach dem Tod		
Vor knapp … Jahren ist dann Ihr*Ihre Partner*in verstorben. Inwiefern hat sich Ihre eigene/persönliche Sexualität durch den Tod Ihres*Ihrer Partners*Partnerin verändert?	• Unmittelbar nach dem Tod; erstes Trauerjahr; im weiteren Trauerverlauf; heute • Lustempfinden • Rolle von Intimität • Gefühle wie Scham, Schuld Trauer und Freude • Hindernisse und Hürden zum Ausleben von Sexualität	• (Wie) waren und sind Sie sexuell aktiv? • Wie haben Sie den Verlust der geteilten Intimität und Sexualität mit Ihrem*ihrer verstorbenen Partner*in erlebt und wie empfinden Sie diesen aktuell? • Spielt Ihr*Ihre verstorbene*r Partner*in in Ihrer persönlichen Sexualität seit seinem Tod eine Rolle? • Wie zufrieden waren bzw. sind Sie mit Ihrer Sexualität seit dem Tod Ihres*Ihrer Partners*Partnerin? Fehlt Ihnen seitdem etwas in Ihrer Sexualität? • Erleben Sie Sexualität eher als Kraftquelle in der Trauerbewältigung oder als zusätzliche Herausforderung?

3 Kommunikation		
Inwiefern konnten bzw. können Sie sich seit dem Tod von XXX mit anderen Menschen über die Themen Intimität und Sexualität austauschen?	• Reaktionen von Partner*in, Freund*innen, Familie etc. (Bewertung, Verurteilung) • Bedürfnis/Wunsch nach Kommunikation zu Sexualität (auch vor Tod des*der Partner*in) • Hindernisse und Hürden in Kommunikation zu Sexualität • Bewältigungsstrategien für Kommunikation zu Sexualität	• Wie reagiert Ihr Umfeld darauf, dass Sie sexuell aktiv sind bzw. eine*n neue*n Partner*in an Ihrer Seite haben? • Was würden Sie sich für die Kommunikation mit Ihrem Umfeld zu diesen Themen wünschen? (Familie; Freund*innen; ggf. neue*r Partner*in; Trauerbegleiter*innen, Beratungsstellen usw.)
4 Wünsche		
Wir kommen langsam zum Ende des Interviews und ich möchte Sie gerne fragen, welche Unterstützung Sie sich für Ihren persönlichen Trauerweg gewünscht hätten oder aktuell wünschen hinsichtlich des Umgangs mit Sexualität und Trauer.	• Was würden Sie jemanden mit auf den Weg geben, der*die sich in einer ähnlichen Situation befindet? • Was müsste sich aus Ihrer Sicht im gesellschaftlichen Umgang mit diesen Themen ändern?	
5 Abschluss		
	• Gibt es noch weitere Aspekte, über die wir bisher noch nicht gesprochen haben, die aber aus Ihrer Perspektive relevant sind für dieses Thema?	
Herzlichen Dank für das Interview und die wertvollen Einblicke, die Sie dadurch ermöglichen. Danke für Ihr Vertrauen!		

Vamık D. Volkan, Elizabeth Zintl

Wege der Trauer

Leben mit Tod und Verlust

3. Auflage 2016 · 173 Seiten · Broschur
ISBN 978-3-8379-2613-2

»Nirgends gibt es ein besseres Buch über Verluste und Trauer. Intelligent und mit Herz geschrieben, haben Volkan und Zintl einen Klassiker geliefert.«

Michael P. Nichols

»Welche Verwüstungen die Trauer auch immer mit sich bringen mag, sie hat dieses wundervolle Buch hervorgebracht. Es ist ein besonderes Geschenk für uns.«

Rita Mae Brown

Vamık D. Volkan und Elizabeth Zintl zeigen anhand zahlreicher authentischer Fallgeschichten die Vielseitigkeit des Trauervorgangs. Sie beschränken ihre Überlegungen nicht auf das elementarste Ereignis, den Tod eines geliebten Menschen, sondern beziehen den Verlust des Heimatlandes, eines Lebenspartners durch Scheidung, Trennung von den Eltern oder von abstrakten Idealen mit ein. Volkan hat eine außergewöhnliche Therapie zur Bewältigung der Trauer entwickelt – eine Therapie zur Wiederbelebung des steckengebliebenen Trauerprozesses.

Walltorstr. 10 · 35390 Gießen · Tel. 0641-969978-18 · Fax 0641-969978-19
bestellung@psychosozial-verlag.de · www.psychosozial-verlag.de

Torsten Linke

Sexualität und Familie

Möglichkeiten sexueller Bildung im Rahmen erzieherischer Hilfen

2015 · 109 Seiten · Broschur
ISBN 978-3-8379-2468-8

Obwohl sexuelle Themen ein wichtiger Bestandteil der sozialpädagogischen Familienberatung und der Kinder- und Jugendhilfe sind, gibt es nur wenige Veröffentlichungen zum Thema. Auch in der konkreten Praxis der Sozialen Arbeit sind theoretische Konzepte für sexuelle Bildung und Beratung ungenügend verankert.

Dieser Lücke wendet sich der vorliegende Band zu: Ausgehend von der Studie »Partner 4« zu Jugendsexualität liefert er nicht nur allgemeine Anregungen für die Beratungspraxis, sondern unterbreitet auch Vorschläge für Konzepte, die den diversen und komplexen Lebenslagen der Kinder und Jugendlichen Rechnung tragen. Der Fokus liegt dabei auf der Sozialisationsinstanz Familie.